クマグスの森

南方熊楠の見た宇宙

松居竜五

ワタリウム美術館編

とんぼの本

新潮社

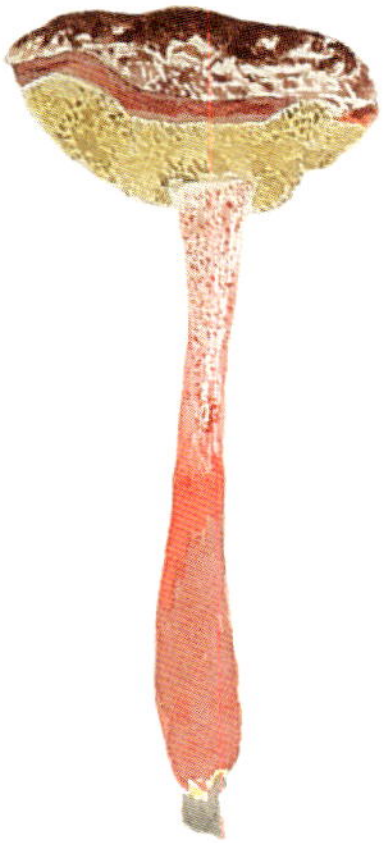

目次

クマグスの森

南方熊楠の見た宇宙

はじめに 森羅万象を記録する 文・松居竜五 004

I 海外から那智、田辺へ 文・松居竜五 008

博物学への関心 010
海外への眼 014
アメリカ 016
フロリダ、キューバ 018
ロンドン 022
中央アジアへの夢 025
那智 026
田辺 028
昭和天皇 032
家族と家 034

II 森の生命の世界へ 文・松居竜五 042

粘菌 044
きのこ 048
藻類、地衣類 054
高等植物 060
昆虫、小動物 066

娘が語る父クマグス
南方文枝インタヴュー録①②③ 040／068／096

〈エッセイ〉

町田康 途方もなく大きい熊楠 098
中上紀 未来の人、熊楠 101
飯沢耕太郎 見えない森に踏み込む ――〝キノコの王〟クマグス 104
和多利志津子 クマグスのこと二題 107

Ⅲ
内的宇宙へ　文・松居竜五　070
病の自覚　072
夢への関心　074
身体への関心　076
セクソロジー　079
人肉食について　082
民俗学への関心　084
南方マンダラ　088
タブー論から神社合祀反対へ　090

門弟の小畔四郎宛葉書に描かれた熊楠自画像。1919（大正8）年

クマグスの熊野へ行こう　文・中瀬喜陽　110
那智山／川湯温泉／継桜王子社・野中の一方杉／神島／南方熊楠旧邸

主な参考文献　122
南方熊楠略年譜　124
作品所蔵一覧　126

菌類図譜より、きのこの絵

はじめに

森羅万象を記録する

松居竜五

ミナカタ・クマグスとは何者か。

日夜生物採集に没頭し、キノコの図譜三五〇〇枚、藻類のプレパラート四〇〇〇枚、粘菌《ねんきん》標本七〇〇〇点近くを残した人物。ロンドンに滞在して民俗学・人類学の英文論文を次々に発表し、帰国後は柳田国男とともに日本の民俗学研究を立ち上げた人物。エコロジー（生態学）という言葉を日本に最初に本格的に紹介しながら、紀伊半島での森林伐採をやめさせるために奔走した人物。

一八六七年、和歌山に生まれた南方熊楠は、その七十四年間の生涯のうちに、自然の中の動植物の生態から古今東西の人間の文化活動にいたるまで、この世界のあらゆる現象に好奇心を向けた。熊楠の目を通して広がる複雑さと精妙さに満ちた世界は、彼の生誕から百四十年を経過した今日もなお、少しも変わらない魅力で私たちを引きつける。それは、熊楠自身が、あふれんばかりの好奇心でもって、この世界の現象を知り尽くそうとした人物だったからである。

熊楠自身、そうした世界をのぞき込む楽しさを、次のように表現したことがある。

無尽無究の大宇宙の大宇宙のまだ大宇宙を包蔵する大宇宙を、たとえば顕微鏡一台買うてだに一生見て楽しむところ尽きず（土宜法龍《どぎほうりゅう》宛書簡、一九〇三年七月十八日）

この時、熊楠は隠花植物の採集のために紀伊半島の南にある那智の大森林を歩き回っていた。そして愛用の顕微鏡の中に広がるキノコや藻類、シダ、粘菌といった微細な生命の世界に、一生をかけても尽くすことのできない「無尽無究の大宇宙」を見た。

ありがたいことに、熊楠は生涯にわたって、自分が見たそうした世界の姿について可能な限り詳細に記述したり収集したりし続けた人でもあった。動植物の精密なスケッチや、雑多な標本類。比較民俗学に関する筆写や昨夜見たばかりの夢の記録。そういった熊楠の活動の跡が、何十冊にもわたるノートや膨大な数の手紙や日記、または大小の長持やアルコール漬けの瓶などのかたちで残されている。

それらの資料を丹念にたどって行くと、熊楠が一生をかけて見た世界をつなぎ合わせて再生することができる。しかも、熊楠の資料は、その没後、家族の手によって和歌山県田辺市の旧邸に大切に保管され、まるでタイム・カプセルのようにそっくり鮮やかなままで、今日の私たちの前に伝えられているのである。試みに、そうした資料のいくつかを挙げながら、熊楠の生涯の軌跡を簡単にたどってみよう。

たとえば、十二・三歳の頃の熊楠少年が、和歌山の実家で一心不乱に書き写していた博物学書（本書11頁）がある。山野をかけめぐるのが好きで「てんぎゃん」（天狗）と呼ばれていた熊楠少年が、この時のめり込んでいたのは、中国古代から徳川時代まで、長い時間をかけて蓄積されてきた東アジアの博物学書であった。

キューバ出発にあたり撮影した記念写真。フロリダ州のジャクソンヴィルにて、1891（明治24）年7月30日撮影

四、五歳の頃にもらったという『三花類葉集』から『訓蒙図彙《きんもうずい》』さらには、『本草綱目《ほんぞうこうもく》』『和漢三才図会《わかんさんさいずえ》』『大和本草』といった書籍を読み継いでいったことは、熊楠に世界を映す鏡としての図鑑の楽しさを教えてくれた。この頃の熊楠の日記などからは、書物で知識を得た生き物を、自分の身の回りの自然の中に見つけ、スケッチや採集を通して直接に確かめていったことがわかる。

それとともに、こうした東アジアの博物学書の内容が、単に草花や動物についての知識だけではなく、それらに関する伝説や逸話など、観察する人間の方の心の動きに関する記述も含んでいたことは重要である。近代生物学のように観察者と対象とを完全に分離してしまうのではなく、人間と自然との関わりの中でその全体をとらえようとする姿勢は、熊楠のものの見方の基礎を形作ることになった。

熊楠が幸運だったのは、こうした東アジアの伝統的な知の世界を背景としながら、青年期の十数年をアメリカや英国で費やし、西洋近代の思想と科学を直接に学び得たことである。

ロンドンでの熊楠の日々を想像するのに格好の資料がある。帰国後の一九〇三年に、知人の多屋たかに説明するために自分のロンドン生活を描いた二枚の葉書のうちの、熊楠を含めた三人の日本人が街角のパブを訪れた場面（24頁上）である。ビールを注いでくれる馴染みの女給と話す熊楠一行。その奇妙な異国人を横目で見ながら、まわりの客たちが正体を推測し合っている。「ドコノヤツダロウ、支那人ニシテハミナ色ガ黒スギルネ」「ナニサ、印度ニハアンナ野蛮人ガ沢山アリヤス」「前歯ガナイカラ、頭分ハアフリカ辺デノ侠客ダロウヨ」ロンドンでの自分たちの姿と、東洋人を珍しがるロンドンの人々の両方を活写した一枚だ。

日光・米屋旅館にて、前列左より六鵜保、熊楠、上松蓊。1922（大正11）年、採集旅行の際に撮影

この戯画に見られるように、熊楠は外の世界だけでなく、その世界が自分とどのようにつながっているかをいつも意識していた人物であった。そうした意味で興味深い資料が、林の中に一人立つはだかの熊楠の姿を映した、「林中裸像」と呼ばれる四十二歳の時の写真（94頁およびカバー）である。

この時、ロンドンから帰国し、那智山中での三年間の植物調査を終えていた熊楠は、終のすみかとなった田辺にいた。その田辺で、熊楠は一町村に神社一つを原則とする神社合祀令によって、紀伊半島の小さな神社や祠が壊され、境内の森林が乱伐されていくのを目撃する。そこで反対運動に立ち上がり、周囲の貴重な神社林の姿を証拠記録として撮影するために、写真師を同行して山に入った。この写真はその時のもので、熊楠自身が日記に「途上松グミ生たる松の下に予裸にて立ち喫煙するまゝ写真」（一九一〇年一月二十八日）と書き留めている。明らかに、森林伐採に注意を喚起するための一種のパフォーマンスとして、自分のイメージを用いて人目を引きつけること自体を目的とした写真であった。実際には田辺の自宅を午後に出発して近郊の街道沿いで撮ったものだが、まるで深山幽谷のような雰囲気に仕立てているところが、熊楠の茶目っ気であろう。それにしても一月に腰巻き一つではずいぶん寒かったにちがいない。

熊楠の「目」が、森羅万象の一部分としての熊楠自身の姿も映し出そうとしていたということ。当たり前のようだが、熊楠の視線を考える上で、この点はやはり重要である。

熊楠はしばしば、自分の身体や精神を、研究の対象として用いていた。日記の中に自分の夢や行動を詳細に書き続けたのは、そうした研究対象としてそれらを見ていたからだと言えるだろう。たとえば、熊楠の晩年の日記（74頁）には、鉛筆の殴り書きで就寝時間が記され、翌日にそれが清書されている部分を見ることができる。つまり、自分が眠りに入る瞬間に、その時刻を正確に記録しようとしたと思われるのである。

神島の鳥居前に座る熊楠。
1915（大正4）年5月5日撮影

そうした正確さに対する執念は、明け方まで見ていた夢に関する日記の中の記述にもうかがうことができる。特に晩年には、少年時代の和歌山でのできごとや、学生時代の東京でのできごと、さらにロンドンでのできごとが、眠りに着いている熊楠の夢の中に浮かんでいたことが、詳細に記録されている。そこには、熊楠の脳裏そのものの中に、熊楠の生涯が夢として生成しているありさまが、可能な限りの正確さで記されているのである。

熊楠とはそのように、自分の目に映る森羅万象を、生涯かけて記録し続けた人であった。そして、さまざまなかたちで残されたそれらの記録は、今日の私たちの前に膨大な資料として開示されている。そのおかげで私たちは、七十四年に渡って熊楠の目という一対の精巧なレンズがとらえ続けた光景を、自分たちのものとして追体験していくことが可能なのである。

I 海外から那智、田辺へ

熊楠が採集した北米産菌類標本集

若き日の南方熊楠は、地球上のさまざまな場所を移動している。一八六七年に和歌山で生まれ、十五歳の時に東京へ。十九歳でアメリカに渡り、サンフランシスコを経由してミシガン州に四年間滞在。フロリダ、キューバへの一年間の大旅行を敢行した後、二十五歳でロンドンに至り、八年間滞在。三十三歳で帰国後は、紀伊半島南の那智山中に籠り、三十七歳で田辺に移動、ようやくそこで定住する。

こうした環境のまったく異なる場所にあって、熊楠はそれぞれの環境に合わせた学問をおこなっている。ミシガン州にいた頃は西洋近代の思想と植物学の方法論を独学で学ぶ。キューバでは隠花植物を探索し、初めて新種の地衣類《ちいるい》を発見。ロンドンでは図書館に日参して比較民俗学などの研究をおこない、英文論文を執筆して学術雑誌に投稿。那智では南方マンダラと呼ばれる哲学的思索を深める一方、ふたたび隠花植物を中心としたさまざまな生物の調査と採集に没頭する。

そうした過程を見ると、熊楠は滞在する場所によって、文献に頼る人文学とフィールドでの調査が中心となる生物学のバランスを使い分けていたことがわかる。そしてどのような場所にあっても、自分自身の能力を信じて、独自の学問姿勢をつらぬこうとしたのである。

博物学への関心

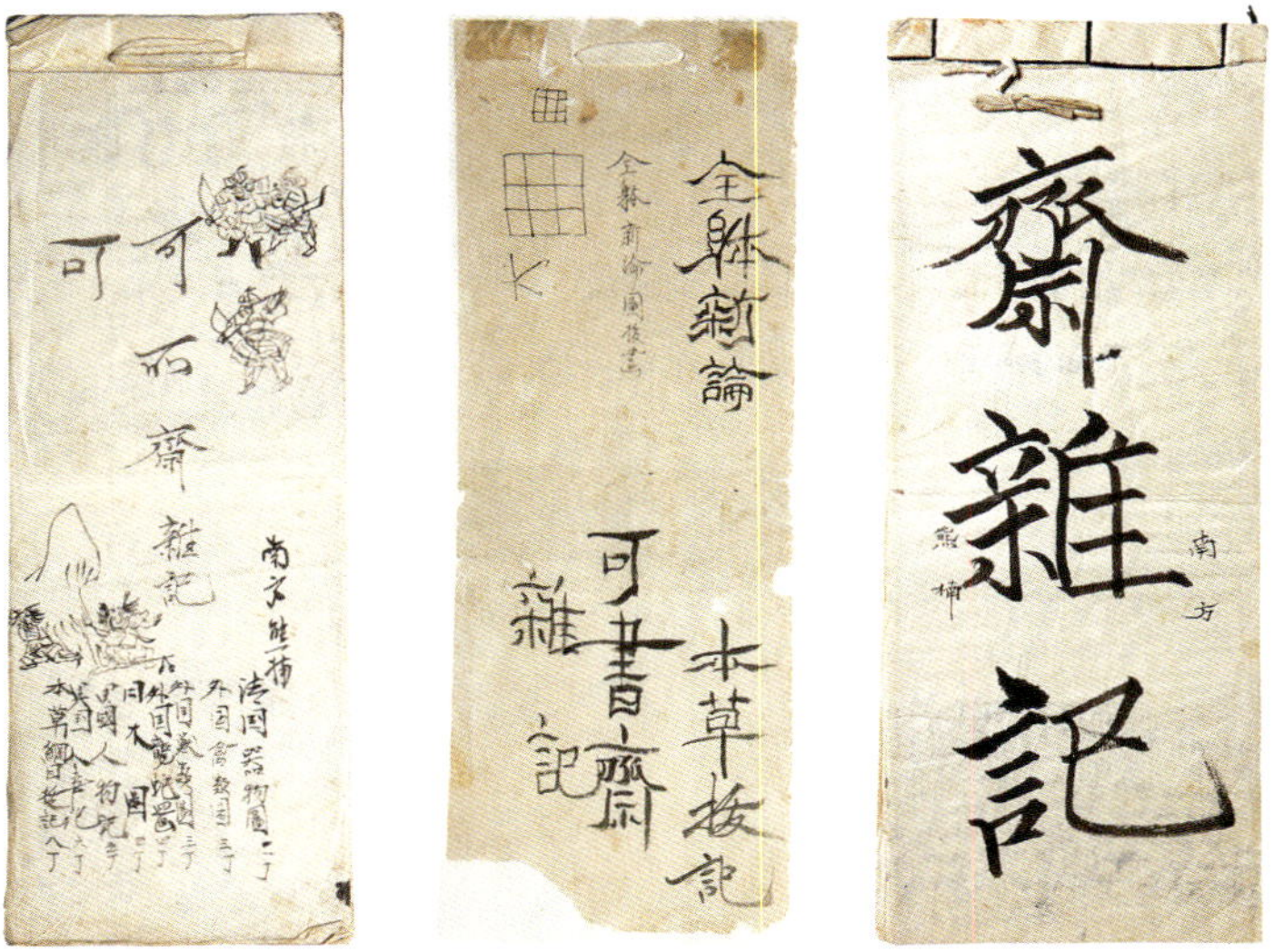

少年熊楠が自ら描き作成した写本
「可所斎雑記」と「本草綱目抜記」の表紙

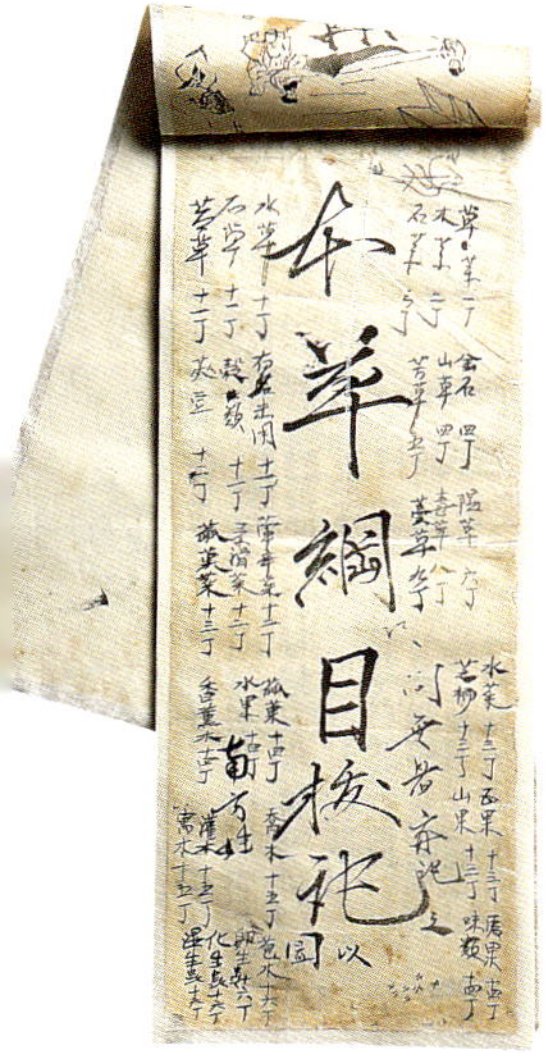

「無尽無究の大宇宙」をのぞき込もうとした熊楠の知的好奇心は、幼少時からすでに明確な志向として芽生えていた。

「可所斎雑記」と題された絵を中心とした写本群には、動物、植物から世界各国の人物や解剖図が描かれており、熊楠少年の飽くなき探求心を物語っている。

これと並行しておこなわれた『本草綱目』や『和漢三才図会』、『大和本草』などの東アジアの博物学書の筆写は、本人の証言によれば、「八、九歳ころ」から始められ、和歌山中学を卒業する頃までには一通り完成していた。

こうした旺盛な好奇心を背景として、和歌山中学での熊楠は、博物学教授の鳥山啓に指導されながら、英語を中心とした西洋書からの新しい知識を得るようになる。それらを組み合わせて編集した自作の教科書「動物学」序文には、冒頭に「宇宙間諸体森羅万象にして、これを見るにますます多く、これを求むればいよいよ蕃《しげ》く、実に涯限あらざるなり」（未公刊資料）という印象的な言葉が書き付けられている。

熊楠、十三歳の時の「博物学宣言」とも呼ぶべき表明である。

「可所斎雑記」（奥と手前）と「本草綱目抜記」（中央）の中面。さまざまな動植物図がびっしりと描かれている

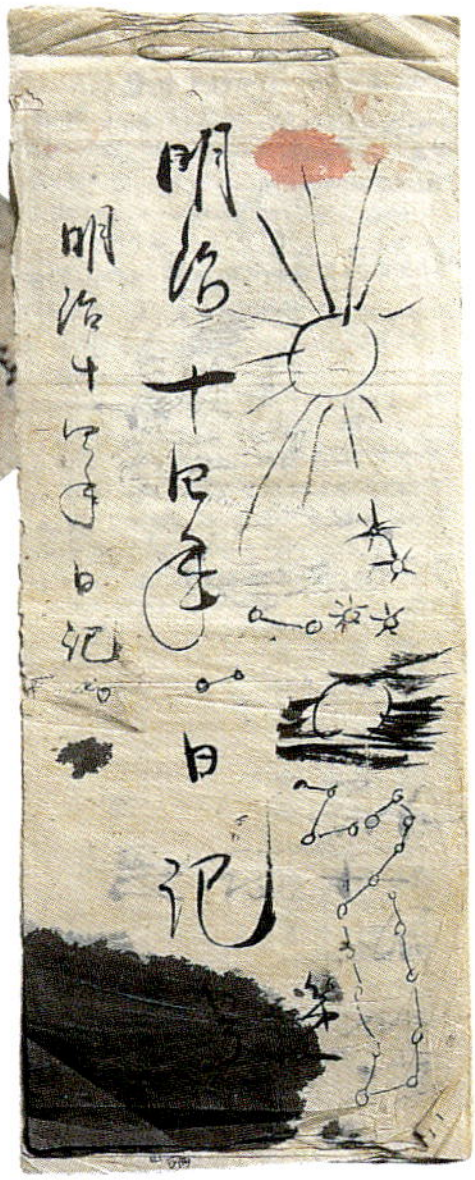

1881（明治14）年、熊楠14歳の時の日記の中面（左上）と、その表紙（上）

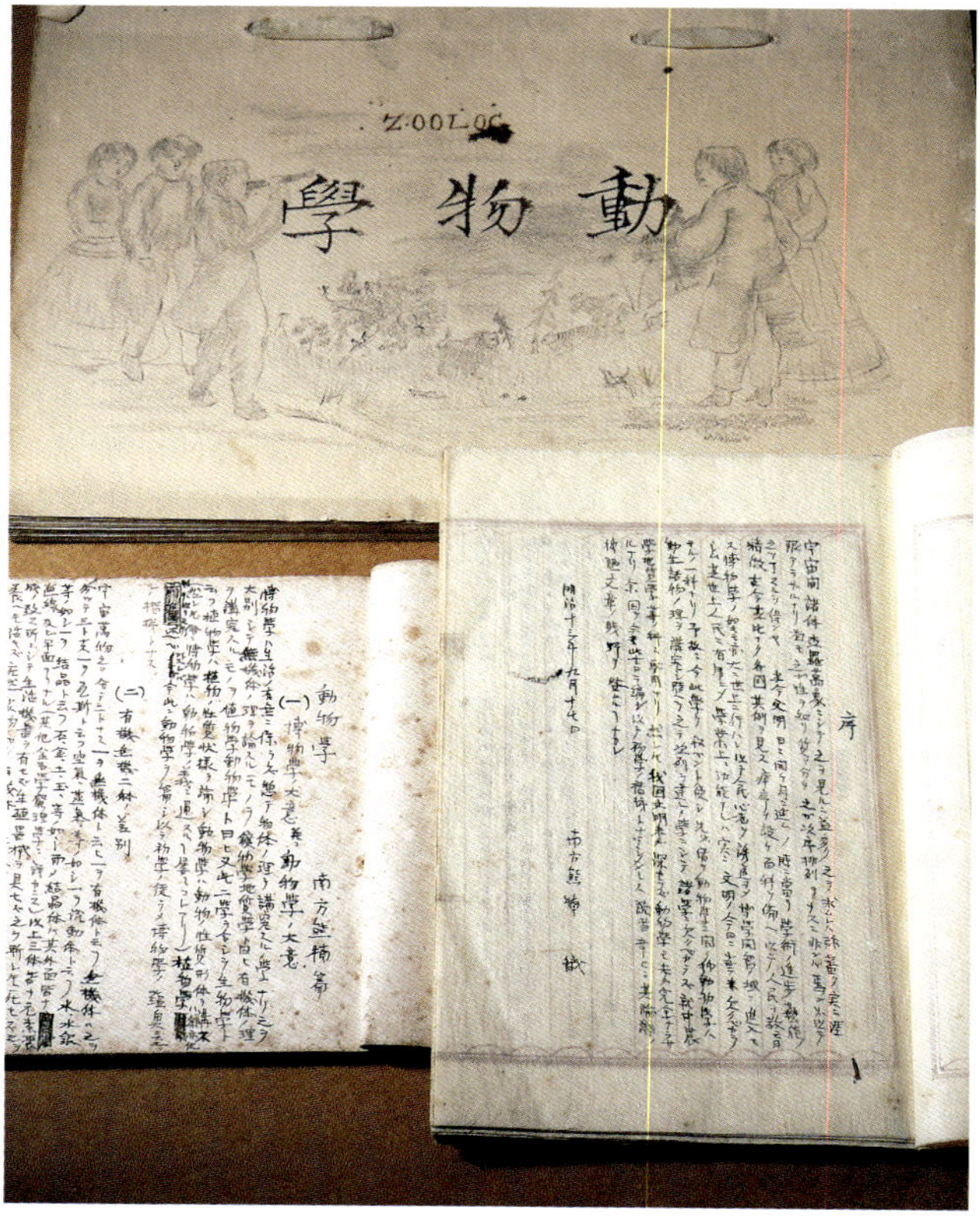

13歳で自作した「動物学」第1稿～第3稿。1880（明治13）年

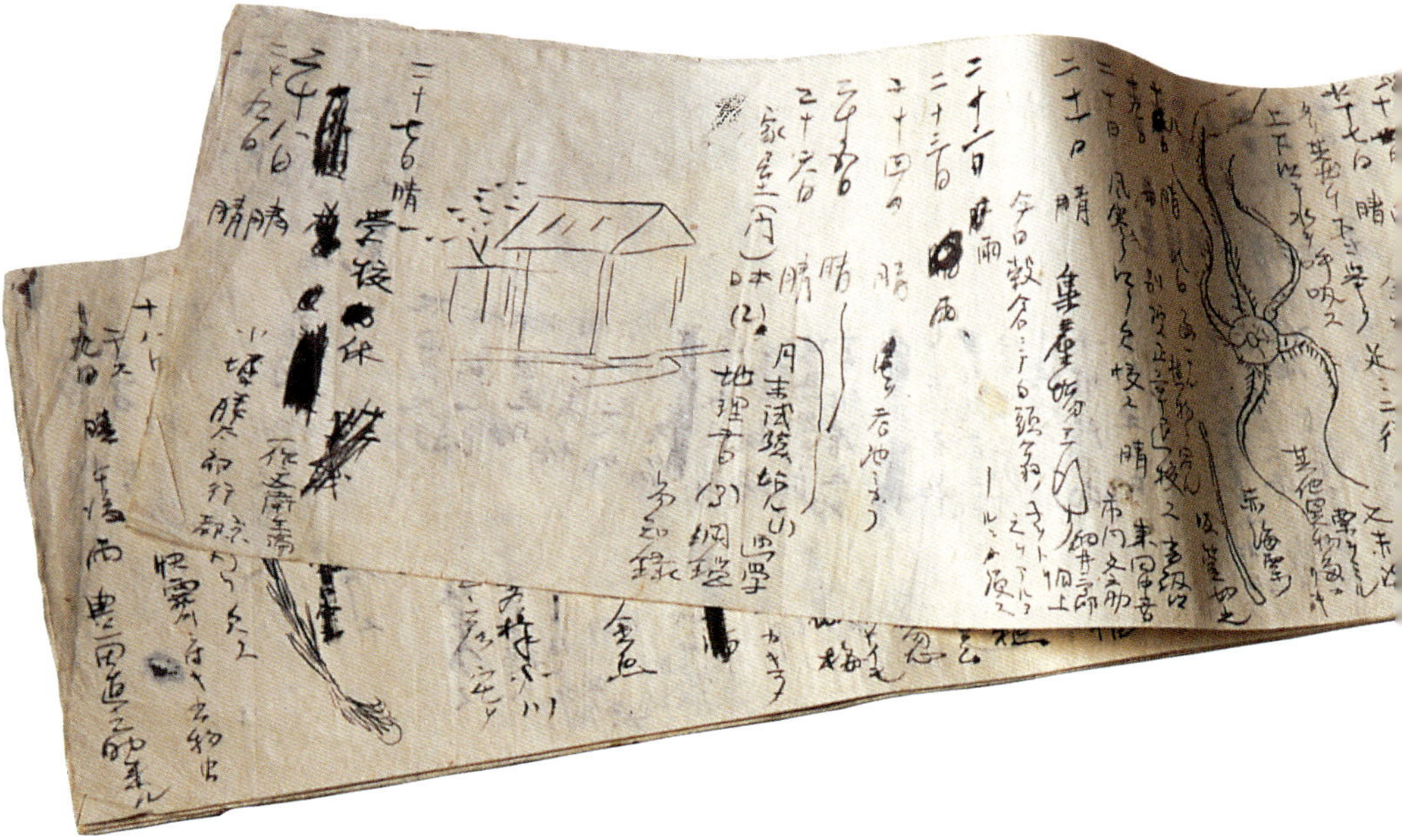

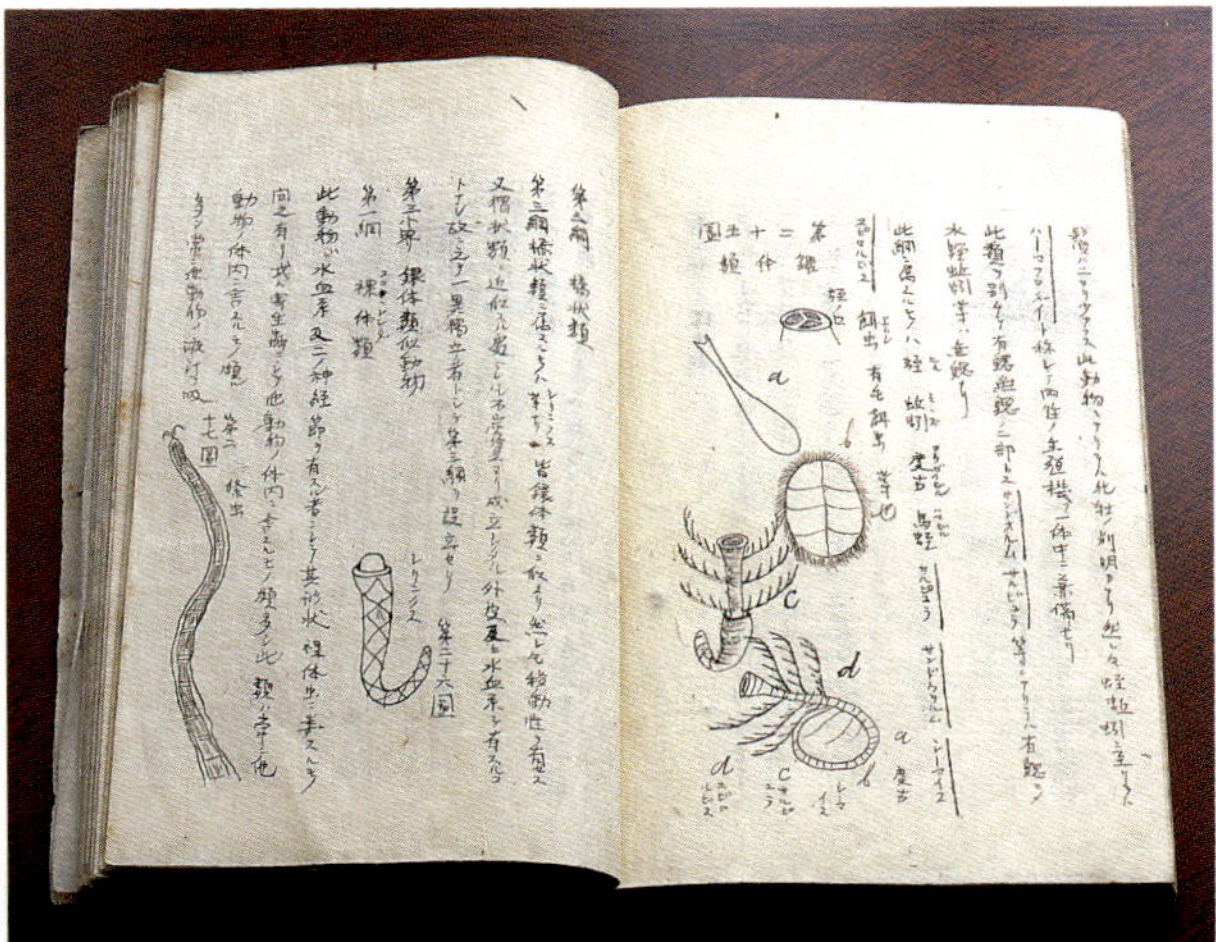

「動物学」（全）。1881（明治14）年1月3日。
右記「動物学」3冊の完結版ともいうべき一冊

海外への眼

渡米前に友人の羽山繁太郎に送った写真。1886（明治19）年12月撮影

東海散士著『佳人之奇遇』4冊。1885（明治18）年～1886（明治19）年刊。熊楠に世界への眼を開かせた書物だ

十六歳で上京し、東京大学予備門の学生となった熊楠は、次第にその才能を開花させていった。

　たとえば、アメリカのカーティスとイギリスのバークレーが六千種類のキノコを調査したというニュースを知って、自分は七千種集めたいとした。また、東京大学のお雇い外国人として、ダーウィンの自然選択説を初めて日本に紹介したE・S・モースの講演録『動物進化論』をいちはやく購入して読んでいる。

　一方でこの時期の熊楠の視線は、近代化の道をたどり始めたばかりの日本から、同時代の国際情勢へと開かれてもいった。一八八五年、十七歳の日記には、隣国の朝鮮で起きた甲申事変と日本の対応についての報道が記録されている。また、世界中の被抑圧民族の連帯を訴えた東海散士の『佳人之奇遇』を読み、その中の「一尺の我威を日本内に奮うよりは一寸の国権を外国人に向けて振るえとありしを見て感激し」（上松翁《うえまつしげる》宛書簡、一九一八年三月二十七日）たという。

　世界を自分の目で見たいという熊楠の願望は大きく、一八八六年十二月、十九歳の時に熊楠は横浜からシティ・オブ・ペキン号に乗って太平洋を越えてアメリカに向かうことになる。

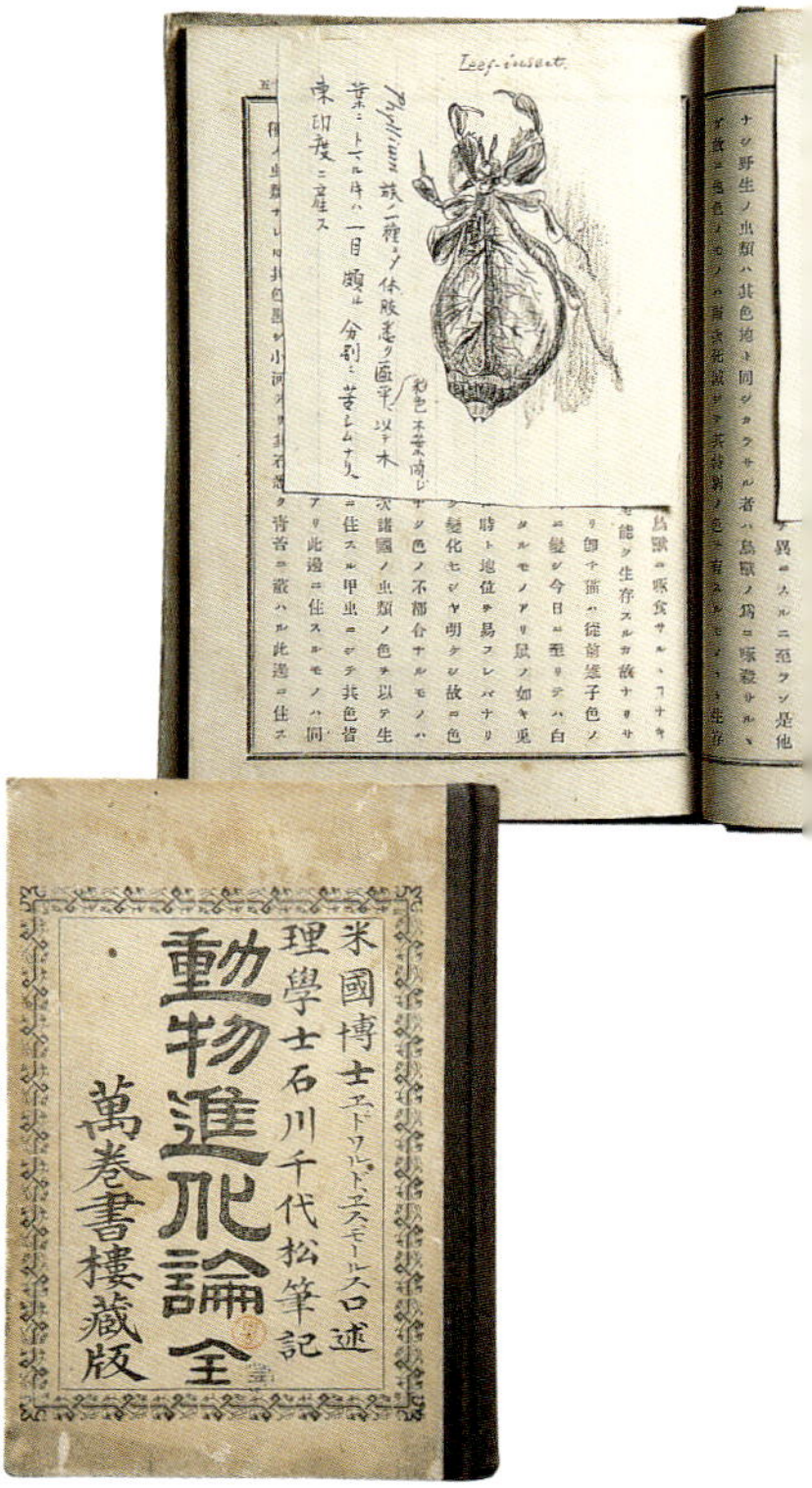

エドワルド・エス・モールス口述『動物進化論』。1883（明治16）年刊

アメリカ

熊楠が青年期を過ごした当時のアメリカは、まだ文化的にはヨーロッパと比べて途上国であった。そのアメリカで、若き日の熊楠は、日本という国の枠組みを離れて生きていく気風を養うこととなった。

アメリカに着いた熊楠は、まずサンフランシスコのパシフィック・ビジネス・カレッジ、ついでミシガン州ランシングの農学校に入学する。しかし、早々に学校生活に見切りをつけて、同州アナーバーで独学の生活に入った。それからというものは、「むちゃくちゃに衣食を薄くして、病気を生ずるもかまわず、多く書を買うて、神学もかじれば生物学も覗《うかが》い、希拉《ギリシア・ラテン》もやりかくれば、梵文にも志し」（中松盛雄宛書簡、一八九二年八月初旬頃と推定）という乱読の日々であったという。全米有数の大学町アナーバーは、「本好きの街《ブッククラヴァーズタウン》」

Herbert Spencer,"Descriptive Sociology"（ハーバート・スペンサー著『記載社会学』）。1897（明治30）年刊。熊楠はスペンサーに大きな影響を受けた

熊楠がアメリカのアナーバーで採集した高等植物標本より、ラン科クマガイソウ（*Cypripedium*）属の一種。1889（明治22）年5月20日採集

熊楠が手帳に描いた、サンフランシスコでの喧嘩の図

の異名を取るように古書店が建ち並び、熊楠の学究心に応えてくれた。

　一方でこの時期の熊楠は、『ネイチャー』を始めとする科学雑誌を読んだり、ミシガン大学の博物館に通ったり、シカゴのアマチュア植物学者のW・カルキンスと文通をするなどして、生物学のフィールドワーカーとして必要な方法を学んで行った。アナーバーの冬は長いが、五月から六月にかけて、いっせいに草花が咲き誇る。その季節が来ると、熊楠は毎日のようにヒューロン川の河畔に出かけて植物採集をしている。

　アナーバーでは、日本人の留学生仲間との親交も深かった熊楠であるが、帰国後の立身出世を夢見る彼らとの懸隔も感じていた。渡米後、早くから「予はのち日本の民たるの意なし」（杉村広太郎宛書簡、一八八七年九月九日）という覚悟を決めていた熊楠は、一八九一年の四月にアナーバーの日本人のコミュニティを離脱し、鉄道に乗ってフロリダへと孤独な大旅行に出ることになる。

フロリダ、キューバ

5410 - 6 F. G.
Sample Amber Laid Envelope,
At $1.05 per M.
Also 6 1-2 at $1.15.

熊楠がキューバなどで採集した菌類標本。
小さな木箱に入れ、保管していた

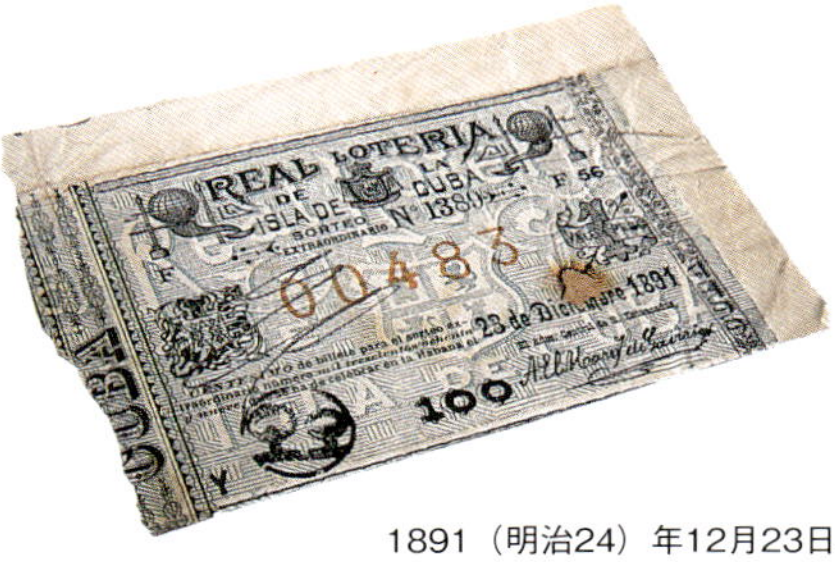

1891（明治24）年12月23日、
熊楠がキューバで購入した宝くじ

フロリダでの記念写真。左が熊楠、右は熊楠の下宿の主人、江聖聡（チャンシェンツォン）。1892（明治25）年8月19日撮影

熊楠がフロリダ、さらにキューバという南国を目指した大きな理由は、隠花植物の調査のために必要な高温多湿な環境があったことである。

C・ダーウィン、A・ウォレス、H・W・ベイツ。当時の名だたる生物学者は熱帯に赴き、ヨーロッパとは圧倒的に異なる多様な生物相の中で大きな発見をなしていた。熊楠が通い詰めていたミシガン大学総合博物館のコレクションも、アマゾンから太平洋諸島へと大採集旅行を敢行した地元の生物学者、ジョゼフ・スティアが集めてきた動植物の標本からなっていた。生物学を志す熊楠が、彼ら先達の跡をたどろうとしたのは必然的なことであった。

さらに、この頃熊楠は、主に地衣類を研究していたカルキンスとの文通を通じて、当時隠花植物と呼ばれていた、藻類、シダ、コケ、キノコ、粘菌などを含む花の咲かない植物（現在の分類とは異なる）に対する関心を深めていた。そのカルキンスから、フロリダが隠花植物の宝庫であることを聞かされたという事情もあっただろう。

フロリダ州のジャクソンヴィルで熊楠は、「博徒」と記す中国人たちの食客となる。その中国人から譲り受けた五連発ピストルを抱えて、熊楠はキーウェストからキューバへと渡る。

「日本の学者、口ばかり達者で足が動かぬを笑い、みずから突先して隠花植物を探索することに御座候」と語る熊楠は、自らの姿について「顕微鏡二台、書籍若干、ピストル一挺提帯罷り在り」（喜多幅武三郎宛書簡、一八九一年八月十三日夜付）と誇らしげに描写している。

キューバでの熊楠は、巡業のために来合わせたサーカス団の日本人団員と仲良くなり、アルバイトをさせてもらっていたようである。その他は、ひたすら植物採集を続けたことが、当時の日記からはわかる。その甲斐あって、熊楠がハヴァナで見つけた地衣類は、カルキンスからオランダの植物学者ニランデルに送られ、新種と認定。ギアレクタ・クバーナと名付けられている。

キューバなどで採集した
標本類が入ったトランク

ロンドン

「ロンドン抜書」と田辺時代の熊楠愛用の机。大英博物館に通って熊楠が書き写したノート「ロンドン抜書」は全部で52冊にものぼる

1893（明治26）年のロンドン時代の日記帳と、ロンドンの交通機関の切符、海外で熊楠がつかっていた名刺

一八九二年、二十五歳にしてたどり着いたロンドンで、熊楠の学問人生は急展開を見せることとなった。

まず、到着後一年にして、科学雑誌『ネイチャー』の読者投稿欄に、中国とインドの星座を比較した論文、「東洋の星座」が掲載された。さらに翌週には、「動物の保護色に関する中国人の先駆的観察」が二週連続で掲載され、熊楠は同誌の常連投稿者の仲間入りを果たす。

これと並行して、知人の紹介で大英博物館を訪れた熊楠は、当時の館の古美術部門の実力者であったA・W・フランクスと面会し、その学識を評価された。初めて出会った東洋人の若者に対して、学者としての礼を尽くして歓待してくれたフランクスの態度は、熊楠を大いに感激させた。後年の文章に「今日始めて学問の尊きを知る」と記す熊楠には、自分は学問によって救われたという気持ちがあったにちがいない。

これをきっかけとして、この二年後の一八九五年には、当時世界最大規模であった大英博物館図書館で、世界の民俗・風習を記録した「ロンドン抜書」と呼ばれる筆写に着手。その後、八年間に及んだロンドン滞在を通じて、熊楠は異文化の衝突・交流によって生ずるさまざまな現象を分析する、独自の比較民俗学の視点を切り開いていった。

和歌山県田辺の知人、多屋たか宛の葉書に描かれた、熊楠のロンドン生活戯画2通。
1903（明治36）年2月10日（上）と2月18日（下）。上下ともシルクハット姿が熊楠

中央アジアへの夢

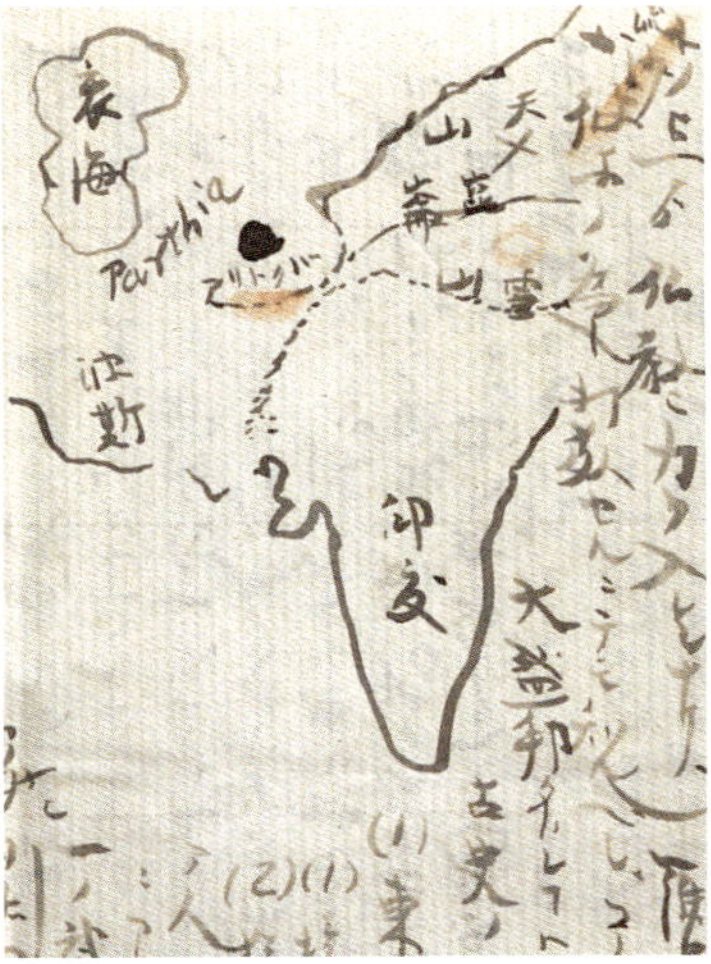
友人の真言僧、土宜法龍宛書簡に描かれた、熊楠のチベット行きの夢。1894（明治27）年7月14日

熊楠が集めていた、大谷探検隊の中央アジア探険に関する新聞記事切り抜き。1911（明治44）年～1912（明治45）年

サンフランシスコ、ミシガン州、フロリダ、キューバ、そしてニューヨークを経てロンドン。二十代の熊楠が世界に残した足跡は、当時の日本人の個人としては、かなり破天荒なものと言えるだろう。

そうした中で熊楠は、自分は日本に帰ることなしに旅行のうちに果てるだろうという予感を抱いていた。たとえば、ロンドンで知り合った真言僧の土宜法龍に宛てた次の言葉は、そうした熊楠の高ぶる気持ちを伝えている。

小生はたぶん今一両年語学（ユダヤ、ペルシア、トルコ、インド諸語、チベット等）にせいを入れ、当地にて日本人を除き他の各国人より醵金し、パレスタインの耶蘇廟およびメッカのマホメット廟にまいり、それよりペルシアに入り、それより舟にてインドに渡り、カシュミール辺にて大乗のことを探り、チベットに往くつもりに候。たぶんかの地にて僧となると存じ候。回々教国にては回々教僧となり、インドにては梵教徒となるつもりに候。（土宜法龍宛書簡、一八九三年十二月）

実際には熊楠は、この中央アジアへの大旅行の計画を実行に移すことはなく、ロンドンにとどまった後、実家からの仕送りを打ち切られて失意のうちに帰国することとなった。しかし、その後の熊楠が「ロンドン抜書」で筆写し、論文で主要な対象として扱ったのは、まさにこうした中央アジアにおける文化交流の問題であった。つまり、アメリカ・キューバを経て到着したロンドンで熊楠が夢見ていた中央アジアへの大旅行は、古今東西の文献による比較研究のかたちで続けられたとも言えるのである。

那智

那智山中の二の滝。あたりには
一部原生林が残る

熊楠が那智で採集した植物標本の一部

一九〇〇年に帰国した南方熊楠が、一年間、実家のある和歌山で暮らした後に向かったのは、紀伊半島南部にある那智の大森林の世界であった。そこでは、数千年をかけて作り上げられてきた生態系の織りなす複雑で精妙な世界が、熊楠を待ち受けていた。その光景を目の当たりにした時の驚きを、後に熊楠は次のように表している。

> そのころは、熊野の天地は日本の本州にありながら和歌山などとは別天地で、蒙昧といえば蒙昧、しかしその蒙昧なるがその地の科学上きわめて尊かりし所以で、小生はそれより今に熊野に止まり、おびただしく生物学上の発見をなし申し候。（矢吹義夫宛書簡、一九二五年一月三十一日＝以下「履歴書」と記す）

那智での熊楠の生活は、生物の採集と、論文の執筆に明け暮れた。まず、藻類から始めて、キノコ、シダ、粘菌などへ。当時隠花植物と呼ばれていたものが中心であるが、高等植物の押し葉標本や小動物など、さまざまな生命の形態が熊楠の採集の中には含まれている。さらに、長文の英文論文や『方丈記』の翻訳、土宜法龍宛の書簡に記されたいわゆる「南方マンダラ」など、熊楠の思想的な代表作も、那智での孤独な生活の中で生み出されたものであった。

田辺

1902（明治35）年10月9日、植物採集へ出かける
際の姿を再現して撮らせた写真。右端が熊楠

田辺湾の青い海に、こんもりとした緑の森を見せる神島

熊楠の後半生の舞台となった田辺は、熊野古道の山の道（中辺路）と海の道（大辺路）を分ける分岐点に位置する町である。熊楠はここを拠点として自らの家庭を築くとともに、七十四歳で没するまで、紀伊半島の植物の調査と、世界のさまざまな地域を対象とした民俗学の研究をねばり強くおこなった。

　熊楠が最初に田辺に滞在したのは、一九〇二年五月。歯の治療のために那智からいったん和歌山市に戻り、ふたたび那智に帰る途上のことであった。田辺には熊楠の中学時代の同級生で眼科医の喜多幅武三郎がおり、これを頼って一時滞在したのである。この時、画家の川島友吉（草堂）らの友人ができた熊楠は、一九〇四年十月の那智での植物調査の終了を機に、ふたたび田辺に向かい、そこに定住することとなった。一九〇六年には喜多幅の紹介で闘雞《とうけい》神社宮司の娘、松枝と結婚し、一男一女をもうけている。

　熊楠が来た頃の田辺は人口七千人余りの小さな城下町であった。鉄道が開通するのは熊楠の晩年のことで、それ以前は船による交通が主である。そんな田舎町から、熊楠は海外に向けて、自分の学問の成果を発信し続けた。『ネイチャー』や『ノーツ・アンド・クエリーズ』といったロンドンで発行されていた学術雑誌に掲載された論文の末尾に、熊楠は常に、「Kumagusu Minakata, Tanabe, Kii, Japan」と署名している。

　そして、こうした熊楠の論文を読んだ世界各地の学者からは、やはり「Tanabe, Kii, Japan」という宛名書きをされた手紙が送られ、しばしば活発な文通によるやりとりがおこなわれた。現在、田辺市の南方熊楠顕彰館にはそうした手紙が多く残されていて、田辺から海外へと開かれていた熊楠の学問活動の一端を伝えている。

神島現存顕著樹木所在図。1934（昭和9）年、熊楠が調査し手描きした神島の詳細な植物分布図

2点とも、神島の森の中にて。面積約3ヘクタールの小さな島は、亜熱帯性の植物に富み、樹木が密生している

上：神島にて、歌碑建立記念写真。1930（昭和5）年6月1日撮影
左：昭和天皇へ進講直後の南方熊楠・松枝夫妻。1929（昭和4）年6月撮影

昭和天皇

一九〇六年に明治政府が出した神社合祀令によって、熊楠の田辺での生活は一変した。一町村に一社を残して、あとは合祀するというこの政令によって、小さな神社や祠が境内の鎮守の森とともに消えていくことに、熊楠は憤った。そこで、連日のように地元の新聞に発言したり、国会議員へ働きかけたり、さらには投獄を覚悟した乱入事件を起こすなど、考え得る限りの手段で、これに対する反対運動をおこなったのである。

その神社合祀反対運動の中でも、熊楠がその保全にもっとも力を入れた対象の一つが、田辺湾に浮かぶ神島《かしま》であった。熊楠は、田辺に来た当初からこの島の植生に興味をいだき、しばしば小舟で渡っては、ワンジュ、キシュウスゲ、センダンなどの珍植物、さらには地衣、藻類を採集していた。熊楠にとって、神島は「昨今各国競うて研究発表する植物棲態学ecologyを、熊野で見るべき非常の好模範島」（柳田国男宛書簡、一九一一年八月七日付）だったのである。

この神島に神社合祀による伐採の手が及ぼうとした際、熊楠はいちはやく行動して保安林に指定させることでこれを阻止した。熊楠の神社合祀反対の成功例は、神社合祀によって伐採されてしまった紀伊半島の膨大な森林の全体からすればけっして多いとは言えないが、神島はそのもっとも輝かしい成果の一つであった。

一九二九年に昭和天皇がこの地を訪れた際に、神島に上陸し

昭和天皇へ進呈した標本を入れたものと同型のキャラメル箱（上：新高製菓　下：森永製菓）

て熊楠にご進講を受けたことは、この意味から見てもたいへん象徴的である。つまり、官憲と真っ向から対立した熊楠の神社合祀反対は、神島に天皇を迎えることで、その正当性を最終的に認められたと考えられるのである。

その一方で、昭和天皇と熊楠が、立場を超えて学者として共感を抱いていたことはたしかである。原生生物の研究をしていた昭和天皇は、おそらく自分自身の関心から熊楠に注目し、粘菌などの生物に関する交流を望んだのであろう。

ご進講の後に熊楠が詠んだ「一枝もこころして吹け沖つ風わが天皇《すめらぎ》のめてましし森そ」と、昭和天皇が熊楠没後に詠んだ「雨にけふる神島を見て紀伊の国の生みし南方熊楠を思ふ」の二つの和歌は、そうした両者の間の共感の余韻を感じさせるものである。

家族と家

田辺市中屋敷町、現在の南方熊楠旧邸。庭から母屋を眺める

当時の熊楠邸にあった北面の庭の亀池と亀。
熊楠の死去直後の1942（昭和17）年1月撮影

当時の亀の子孫は、今も健在

1915（大正4）年5月6日、米国農務省スウィングル博士が撮影した
熊楠一家の写真。右より熊楠、熊弥、松枝、文枝、女中さん

「小生四十になるまでは女を知らざりし」と公言する熊楠が妻をめとったのは、一九〇六年のことであった。

相手は闘雞神社宮司の娘、田村松枝で、熊楠の生活を安定させようとした喜多幅の紹介によるものだった。翌年には長男熊《くま》弥《や》、四年後に長女文枝が生まれている。長男の熊弥の誕生の際には、熊楠は日記に「児を看て暁近く迄睡らず」と記しており、その喜びようがしのばれる。前半生を放浪のうちに送った熊楠は、田辺で家庭を持ったことによって、はじめて腰を落ち着けた生活を送ることになったのである。

しかし、田辺での熊楠の家庭生活は、決して平穏なばかりのものではなかった。特に、神社合祀反対運動は、熊楠の家族全体に大きな負担をしいることとなった。自分が伐採をやめさせ

熊楠がさまざまな樹木や植物を観察研究し、小動物を飼育していた当時の庭

ようとした神社の森が次々に切られていくのを目のあたりにして、熊楠は精神的に荒れていく。これを見かねて意見をした妻に対しては、「大に怒りて酒のみ、妻を斬るとて大騒ぎせしこともあるなり」（古田幸吉宛書簡、一九一一年四月十二日夜十二時）という状況であった。

結果的に、神社合祀令は一九一八年に廃止になり、その後昭和天皇にご進講をおこなうことにより、大きな犠牲を払いながらも熊楠の活動は実を結ぶ。しかし、その間にも一九二五年には、長男の熊弥が精神の病にかかるという事件が起こる。熊弥はその後、この病から快癒することはなかった。神社合祀反対運動に端を発する熊弥の幼少時の家庭内の混乱を考えれば、熊楠がその後、自責の念にさいなまれ続けたことも理解できる。

一方、長女の文枝は、キノコの写生を父から習い、後年の熊楠の研究活動にとって大きな支えとなった。一九四一年の熊楠の没後に、その資料が散逸せずに残されたのは、妻の松枝と娘の文枝が、これを田辺の自宅で守り続けたからであった。

左頁：田辺市の南方熊楠旧邸では、現在も、熊楠存命当時の庭をできるだけ再現している。左から、安藤蜜柑、オオタニワタリ、井戸

GOLDEN BAT
CIGARETTES

熊楠邸の蔵の2階（1990年撮影）。
採集した標本類が数多く残されていた

「喧嘩の仲裁ができるようになれば、英語もほんまもんや」

——外国の思い出

聞き手・神坂次郎

神坂　若き日のキューバ放浪の曲馬団時代のお話は、どのように聞いていますか。

文枝　皆さんとても親切で、植物の勉強をする時間を与えてくれたと申しておりました。父は象の乗る碁盤を出す係だったのに、植物の標本を見ていて出し忘れてしまい、そのときは晩御飯抜きにされたそうですが。その時の話をしながら丹前の袖口から手を伸ばして象の鼻のまねをして、近所の子供たちを喜ばしたりしていました。あと、団員の人たちから手紙の代筆を頼まれたりもしていたと聞いています。

神坂　ロンドンのときはどうでしょう。

文枝　なるたけ、日本人のいないところを選んで過ごしたようです。日本人といると、日本人同士でかたまって話をしてしまって勉強ができないと考えて、避けていたんですね。とにかく、ロンドンではもっぱら喧嘩の仲裁に励んでいたようです。「喧嘩の仲裁ができるようになれば、英語もほんまもんや」と言っていましたね。だからよく下層の人たちがたむろする酒場に出掛けて、喧嘩を待っていたんでしょう。そうすれば、俗語や独特の言い回しも、そこで覚えられますから。

神坂　大英博物館のことは、いかがですか。

文枝　初めて、そこの円型大閲覧室を見たときは、「ああ、これで勉強ができる」と嬉しくてたまらなかったと言っておりました。

神坂　馬小屋の二階や、ボロ下宿でのエピソードも面白いですね。

文枝　父は二階の部屋で暮らしていたのですが、ある時お酒を飲んで、何度ももよおして階下のトイレに行ったのですが、あまり度々降りてくるので一階の住人が不機嫌になってきたらしいのです。それで父はトイレに降りて行くのを遠慮して、金盥の中に溜め

南方文枝　みなかた・ふみえ
1911～2000　田辺市生まれ。南方熊楠・松枝の長女。熊楠が亡くなるまで、その研究の助手として父をたすけた。熊楠没後はその旧邸に遺された蔵書や資料の保全に力を注いだ。

上：現在、蔵の中に保管されている長持。熊楠は採集した植物標本類をここに入れていた
左：キューバから熊楠が持ち帰ったマッチ箱。中には小さな貝殻が詰まっていた

ていたらしいのですが、あやまって引っ繰り返してしまい、その場にジャーッとこぼしてしまったんだそうです。そしたら、一階の天井からそれがポタポタと滴って……（笑）。その話を面白がって、何度も話してくれました。

神坂　キリスト教のことはどう言っておられましたか。

文枝　宣教師の隣人もいて親しくしていたのですが、キリストについてはまったく興味はなかったようです。父は密教を信じていましたから、そういったものの存在は信じていたようですが。しかし祀ることは嫌がりました。最後までそれを続けるならいいけれど、いつかはやめてしまうことがあるのを嫌ったのです。兄が病気のときに母が家にお稲荷さんを祀っていたんですが、私が盲腸炎にかかり、母と和歌山で家を借りて住んでいました時も、「そっちでも祀っとけ」と父が小包で祠を送り付けてきたことがあったぐらいです（笑）。途中でやめるのは許せなかったのでしょう。形ではなく心だということで、祈ることはよくしておりました。

神坂　外国暮らしが長かった先生は、戦争のことはどういうふうにおっしゃっていましたか。

文枝　「今度の戦争は負けるから、土塀は白壁にせず真っ黒けに塗っておけ」と言ってました。灯火管制は非常によく守っていました。その暗い中でも写生をしていましたね。

＊「新潮」一九九〇年八月号より抄録

草花や小動物のスケッチを繰り返していた少年の日から、粘菌などについて昭和天皇にご進講をした晩年まで、生物の世界はつねに熊楠の関心の中心であった。
熊楠の生物に対する見方の特徴の一つとして挙げられるのは、人間と他の生物種が、生命という共通の現象でつながっているという姿勢である。たとえば、熊楠の議論の中には、粘菌の原形体を使って生死の交錯の様子を分析し、これを人間と比較する発想が繰り返し見られる。近代科学の枠組みを踏襲しながらも、熊楠の視線は、つねにともに生きるものとして他の生物を見る部分を感じさせる。
もう一つの特徴としては、生物個々の調査をおこないながらも、その関係性に注目し、それらが全体として作り上げている複雑で精妙な世界を探求しようとしたことである。熊楠は、隠花植物から高等植物、昆虫、小動物にいたるまで、森林や海辺のさまざまな生物を対象として調査をおこなった。個々の生物を学問的専門性の名の下に分断してしまわないそうしたやり方は、やがて熊楠に生態系という新しい概念に基づく生物の見方を志向させるようになるのである。

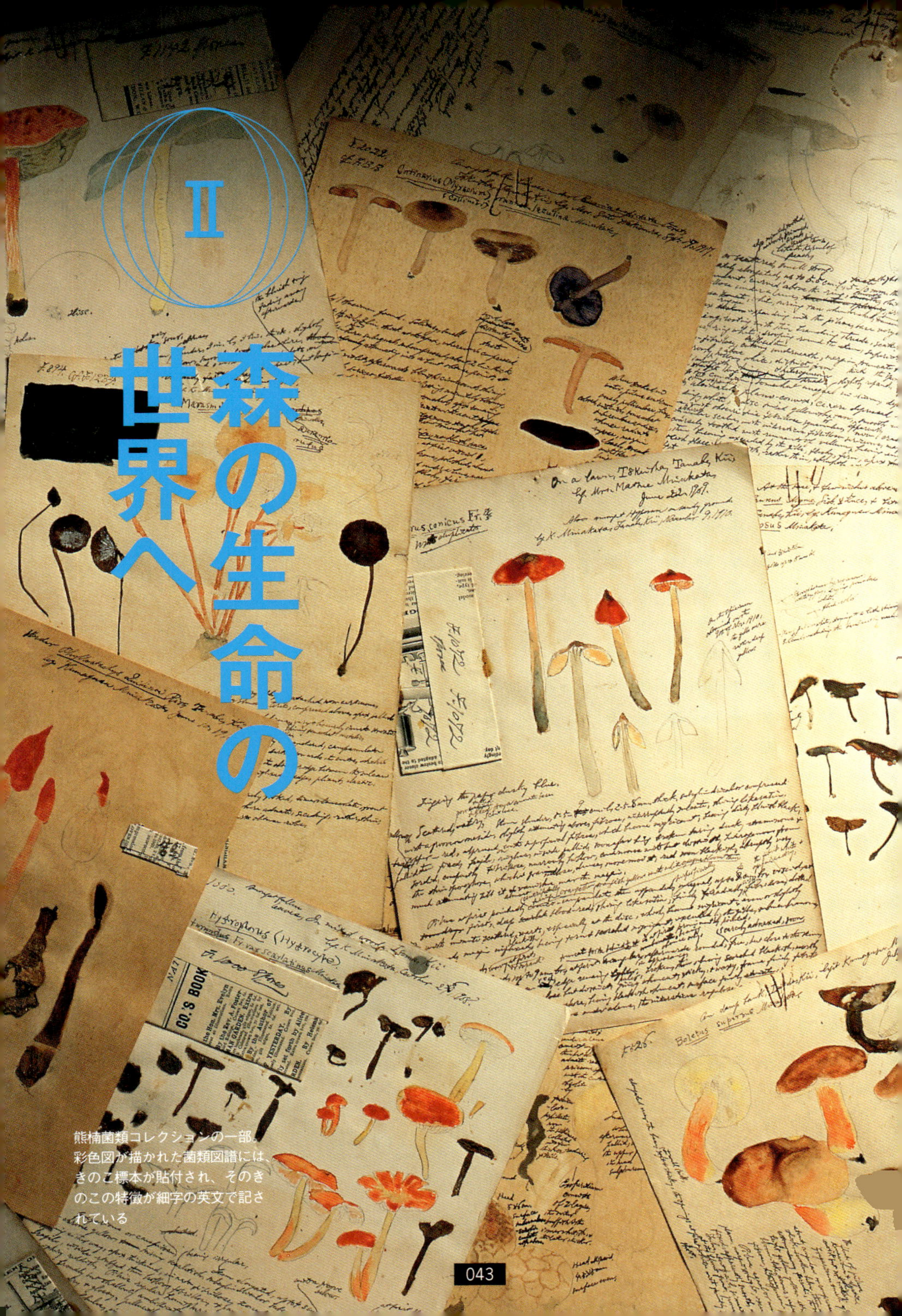

Ⅱ 森の生命の世界へ

熊楠菌類コレクションの一部。彩色図が描かれた菌類図譜には、きのこ標本が貼付され、そのきのこの特徴が細字の英文で記されている

粘菌

粘菌（変形菌）は、きわめて興味深いライフサイクルを持った生物である。

小さなキノコのような粘菌の子実体は、種類によって実に多様で、それぞれ色もかたちもユニークである。その子実体で作られた胞子は風に乗って飛ばされ、発芽して遊走子となる。これがたくさん寄り集まってアメーバ状の変形体となり、最終的には一～二メートル近くにも広がった不定形のものが、ゆっくりと森の中を動き回る。かと思うと一夜にして姿を変えて、枯れ葉や枝の上で子実体を形成する。

熊楠は、粘菌独特のこの不思議な生態に引きつけられた。それは、生命、つまり生と死の問題を解くヒントが、この生物にあるのではないかと考えたからであった。たとえば、一九〇二年三月二十五日付の土宜法龍宛の手紙には、次のような一節がある。

人間の血球が心臓を出、身体各部に滋養となる瞬間も、またこのごとく血球に生死あるなり。しかし、この変形菌ほどに分子と部分、部分と全体、全体と新胞子間に生死繁雑なるにあらず。

つまり、熊楠は人間の血液中にも生きた血球と死んだ血球が

あることを例にして、生死の区分がそれほどはっきりしたものではないことを示す。そして、粘菌のライフサイクルでは、その生死の交錯がさまざまなレベルであらわれることを説明しようとしたのである。

実は、熊楠が粘菌を本格的な調査の対象にし始めたのは、一九〇六年、三十九歳の時にリスター父娘という英国での協力者を得てからで、キノコや藻類と比べるとずいぶん後年のことである。しかし、生命の謎をさぐるための鍵としての粘菌には、若い頃から晩年にいたるまで、一貫した関心を持っていた。その意味で、粘菌は、熊楠の思想の中で、自然科学研究と哲学的考察をつなぐ役割を果たしていると言えるものなのである。

あるときは植物、またあるときは動物になる。色鮮やかで不思議な粘菌8種。
右頁・上段右：落葉上のコカタホコリ。直径0.5mmほどの頭部には数十万個の胞子が充満している
上段左：倒木上で2〜3mmに伸長した、頭部から盛んに胞子を飛ばすウツボホコリ
下段右：コケの生えた枯木樹皮上のあちこちに発生したコモチクダホコリ
下段左：カクテルグラスに球状の綿菓子を乗せたような形をした、倒木上のホソエノヌカホコリ

左頁・上段右：白い石灰質の柄を持ち、瑠璃色に輝く落葉上のジクホコリ
上段左：夏、倒木上によく見られるシロウツボホコリ
下段右：倒木上に密生する、高さ5mmほどのサビムラサキホコリ
下段左：モジホコリの仲間の黄色変形体。子実体を形成するために切り株の割れ目からしみ出た

熊楠邸の庭の柿の木。熊楠はこの木で粘菌の珍種ミナカテルラ・ロンギフィラを発見した

顕微鏡を撮影した昔の写真。下の顕微鏡とは別のもの

アナーバーで購入し、終生愛用した携帯顕微鏡

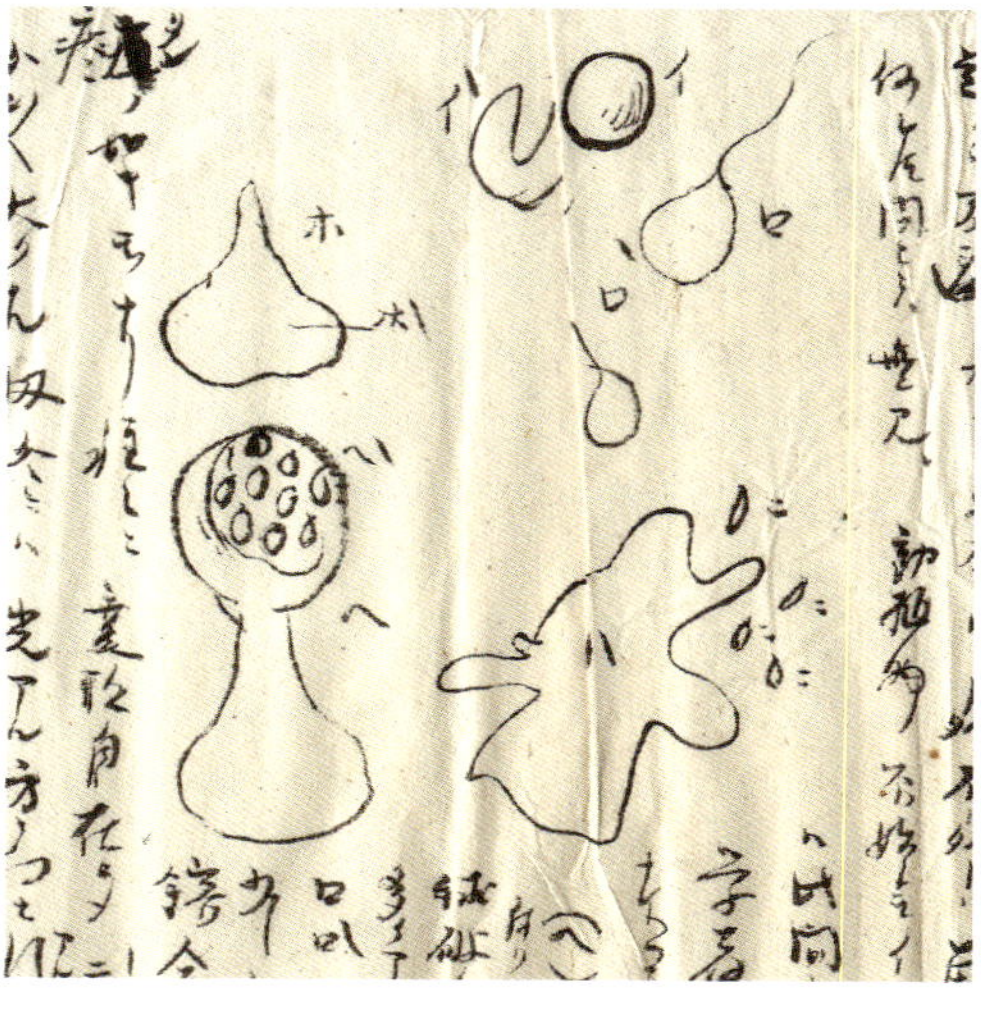

熊楠が描いた粘菌の図。1902（明治35）年3月25日、土宜法龍宛の書簡より

120

きのこ

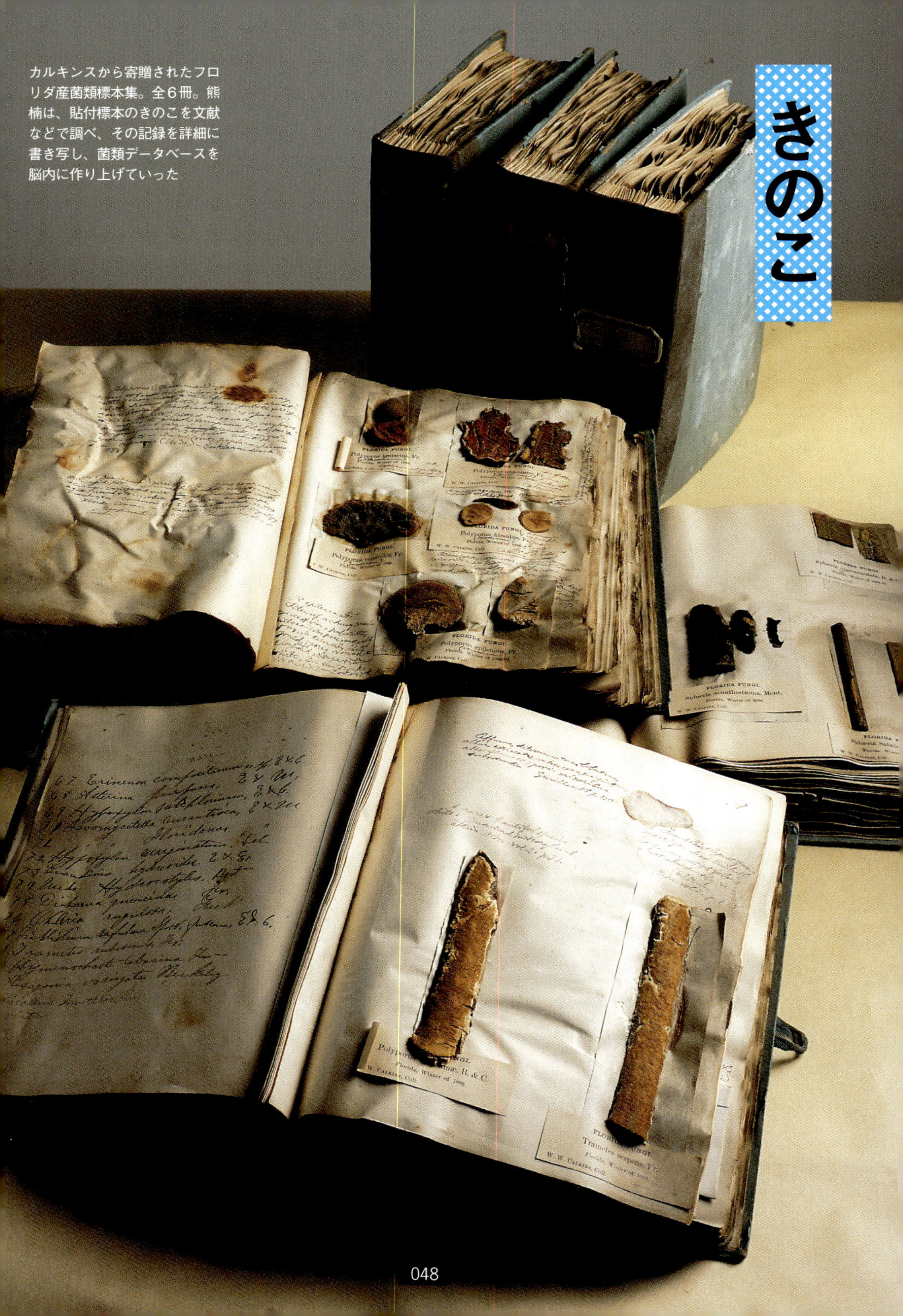

カルキンスから寄贈されたフロリダ産菌類標本集。全６冊。熊楠は、貼付標本のきのこを文献などで調べ、その記録を詳細に書き写し、菌類データベースを脳内に作り上げていった

熊楠が残した植物学に関する業績の中でも、三千五百枚の菌類図譜すなわちキノコのスケッチほどに、見る者を圧倒する資料はないだろう。

もともと熊楠は、十六、七歳の時に、アメリカのカーティスとイギリスのバークレーが六千種のキノコを調査したというニュースを聞いて、自分は七千種を集めようと志したという経緯がある。ミシガン州やキューバはもとより、自然の少ない大都会ロンドンにいた時にも、市内のハイドパークや時には郊外のエッピングの森に出かけて、キノコの採集だけはしていた。

その熊楠が本格的にキノコの調査を始めるのは、ロンドンから帰国してからのことであった。現在残されているキノコのスケッチのうち、もっとも古いと思われるものは、一九〇〇年十一月二十一日の日付がつけられているが、これは帰国のほぼ一月後にあたる。

その後は「小生のもっとも力を致したのは菌類」(「履歴書」)とみずから書いているように、植物採集に打ち込んだ三年間の那智時代も、三十数年にわたって紆余曲折のあった田辺時代も、キノコは熊楠の研究の中心であり続けた。一九二〇年には、高野山で採集旅行をした際に、「くさびらは幾劫へたる宿対ぞ」というキノコ(=くさびら)と自分との因縁を読み込んだ俳句まで作っている。

結局、一九二五年の時点で、熊楠の菌類図譜とキノコの標本は、「極彩色の画を添えたものが三千五百種ばかり、これに画を添えざるものを合せばたしかに一万はあり」(「履歴書」)という状況になる。総数ではカーティスとバークレーを越え、まがりなりにも少年時の目標を達したという自負が、熊楠にはあったのではないだろうか。

書斎で採集したきのこの絵を描く熊楠。
1931(昭和6)年撮影

熊楠が植物採集に持っていった絵具の籠

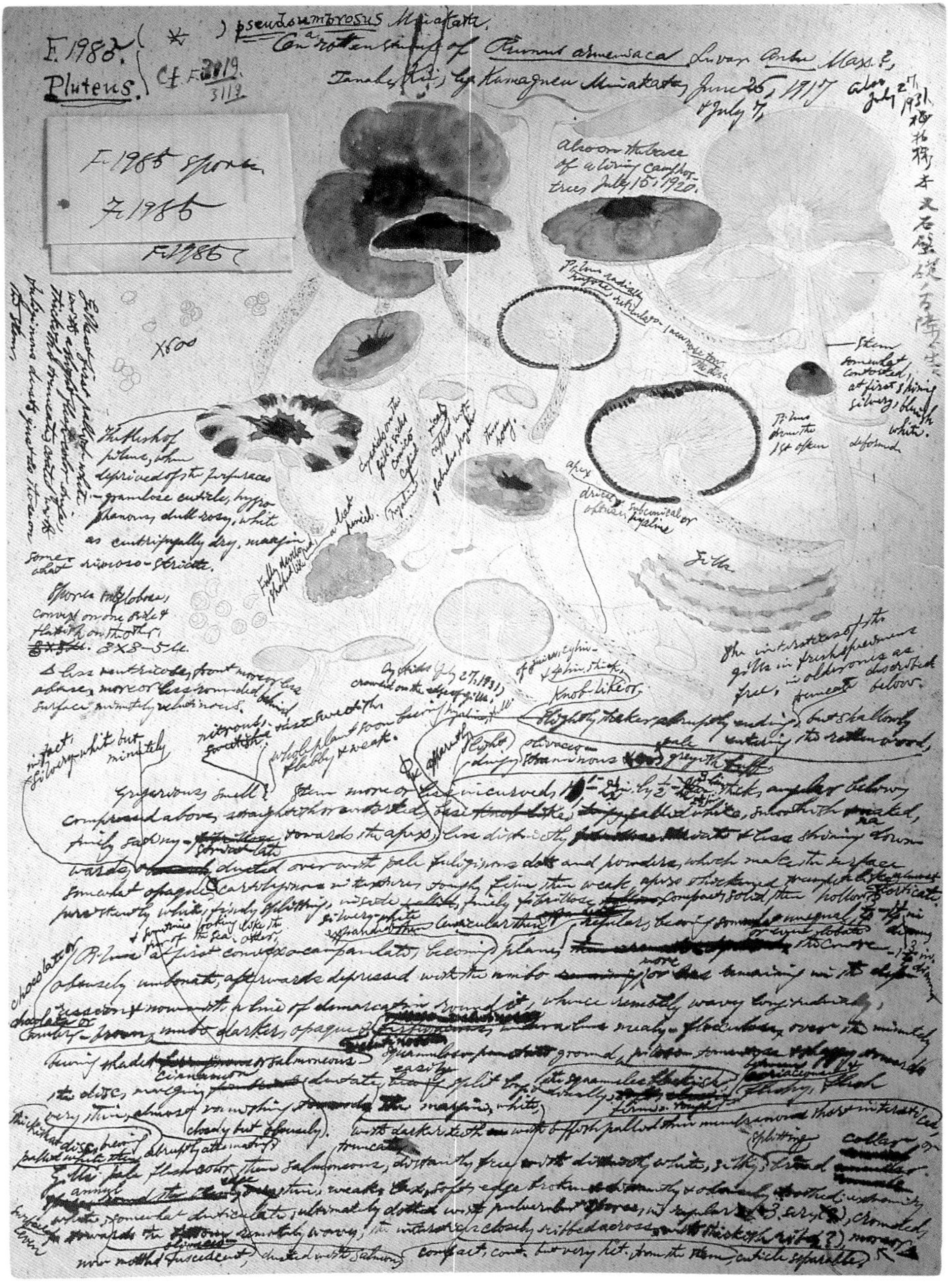

53頁まで、熊楠が残した菌類図譜より。その緻密な英文、鮮やかに彩色されたきのこに、目を奪われる。
1917（大正6）年6月26日および7月7日、田辺にて熊楠が採集したシカタケ属のきのこの新種

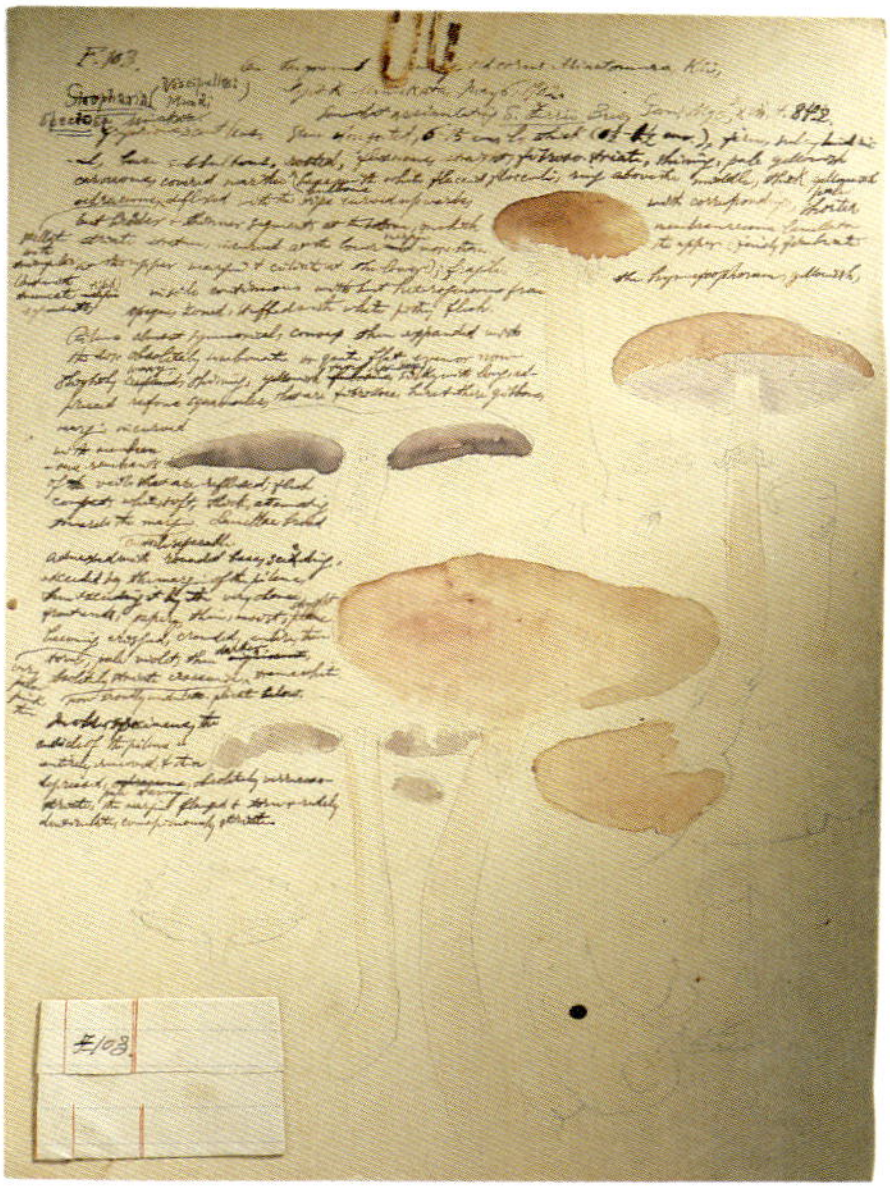

1902（明治35）年5月6日、湊村にて
熊楠が採集したモエギタケ属のきのこの新種

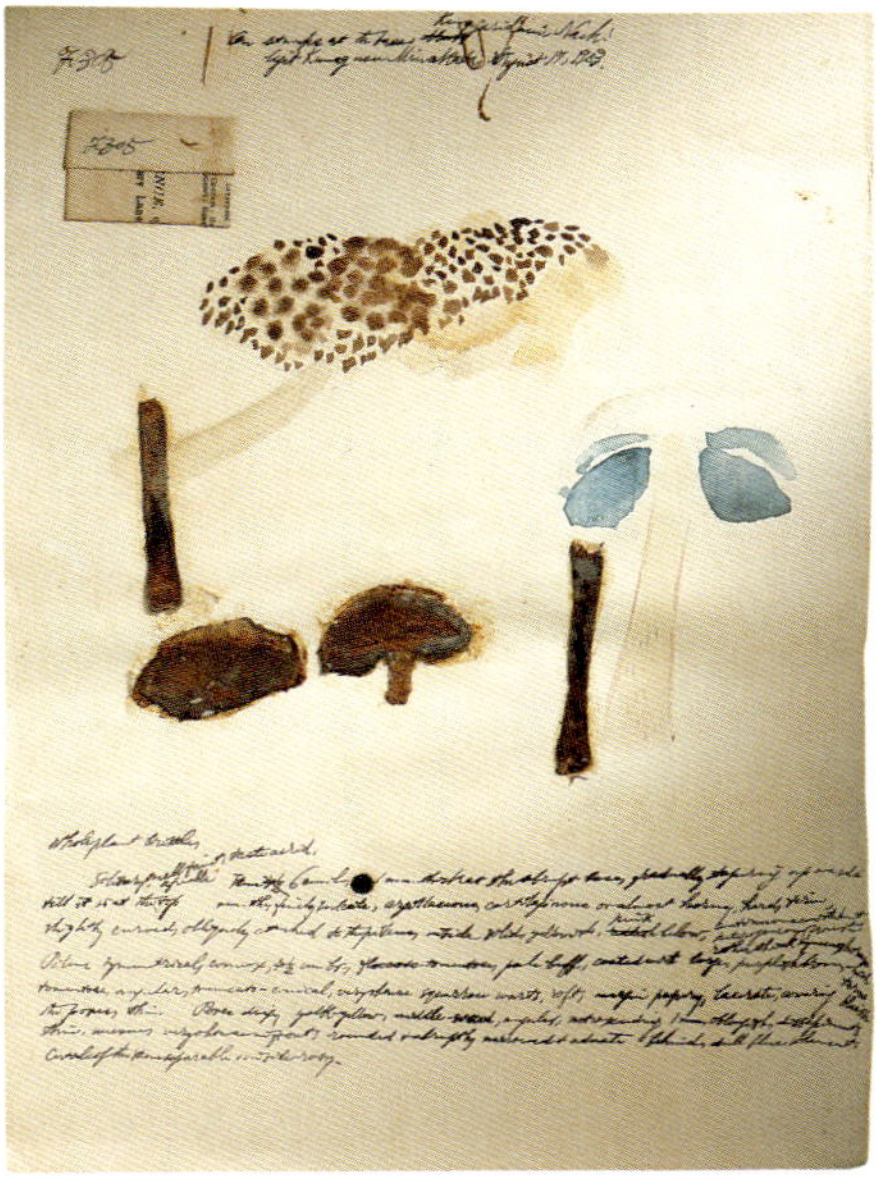

1903（明治36）年8月17日、那智のくらがり谷にて
熊楠が採集した未同定のきのこ

1903（明治36）年8月4日、那智の向山にて
川島友吉が採集した未同定のきのこ

1904（明治37）年6月19日、那智の市野々にて
おくせんいちが採集したモエギタケ属のきのこの新種

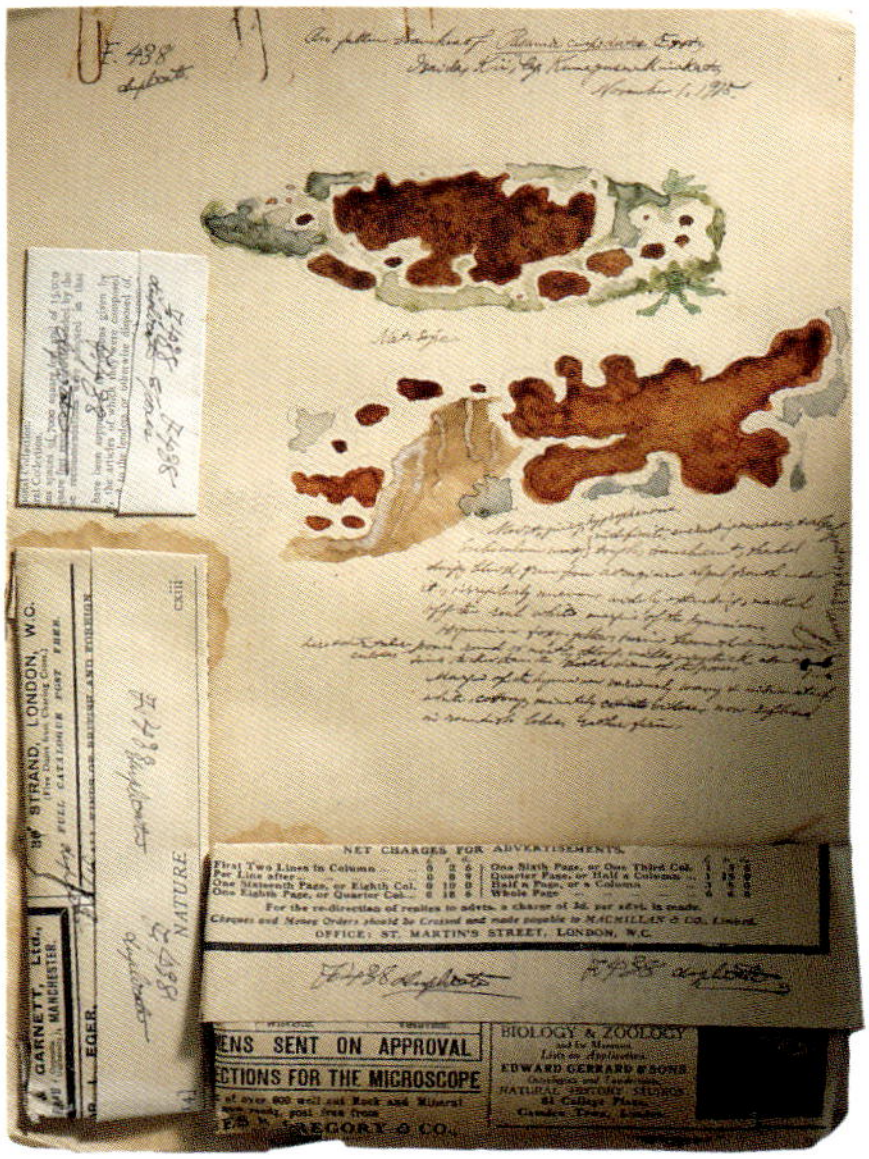

1915（大正4）年11月1日、田辺の伊作田にて
熊楠が採集した未同定のきのこ

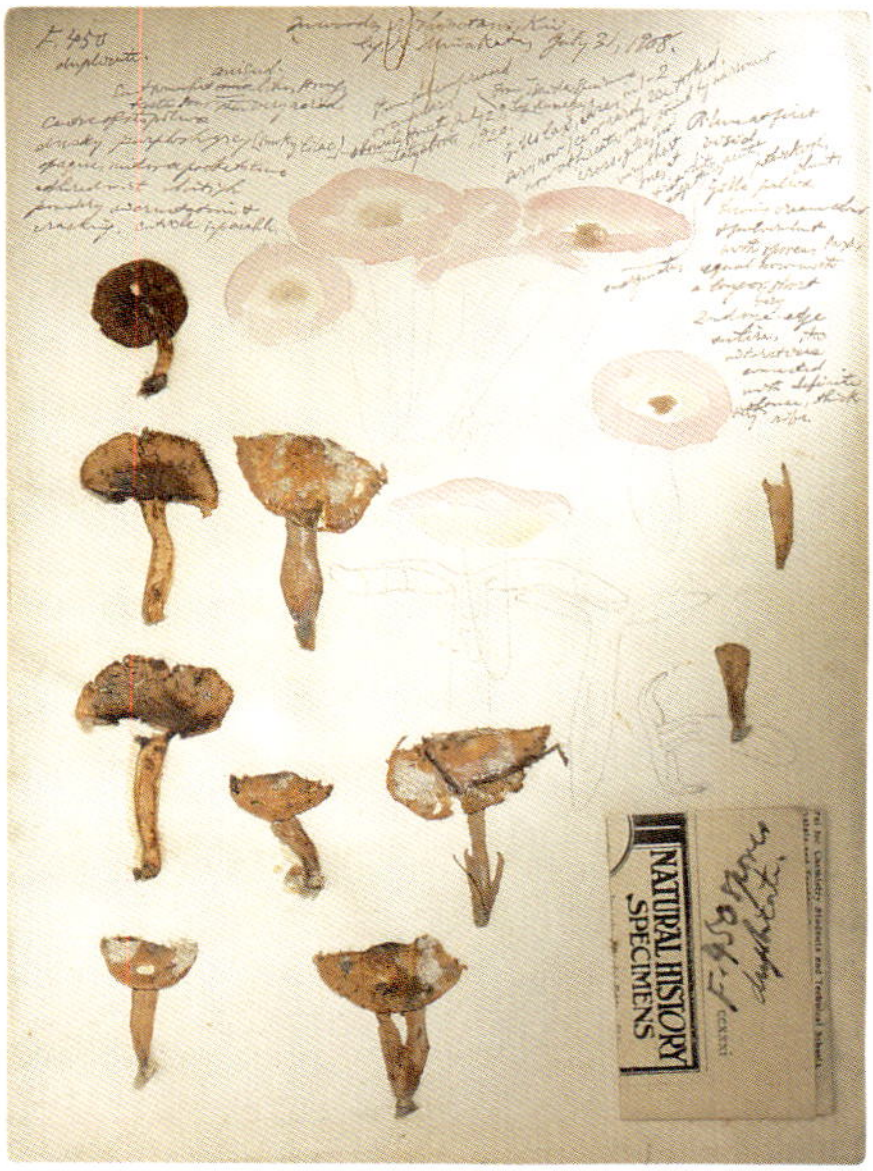

1908（明治41）年7月31日、田辺の西ノ谷にて
熊楠が採集したベニタケ属のきのこの新種

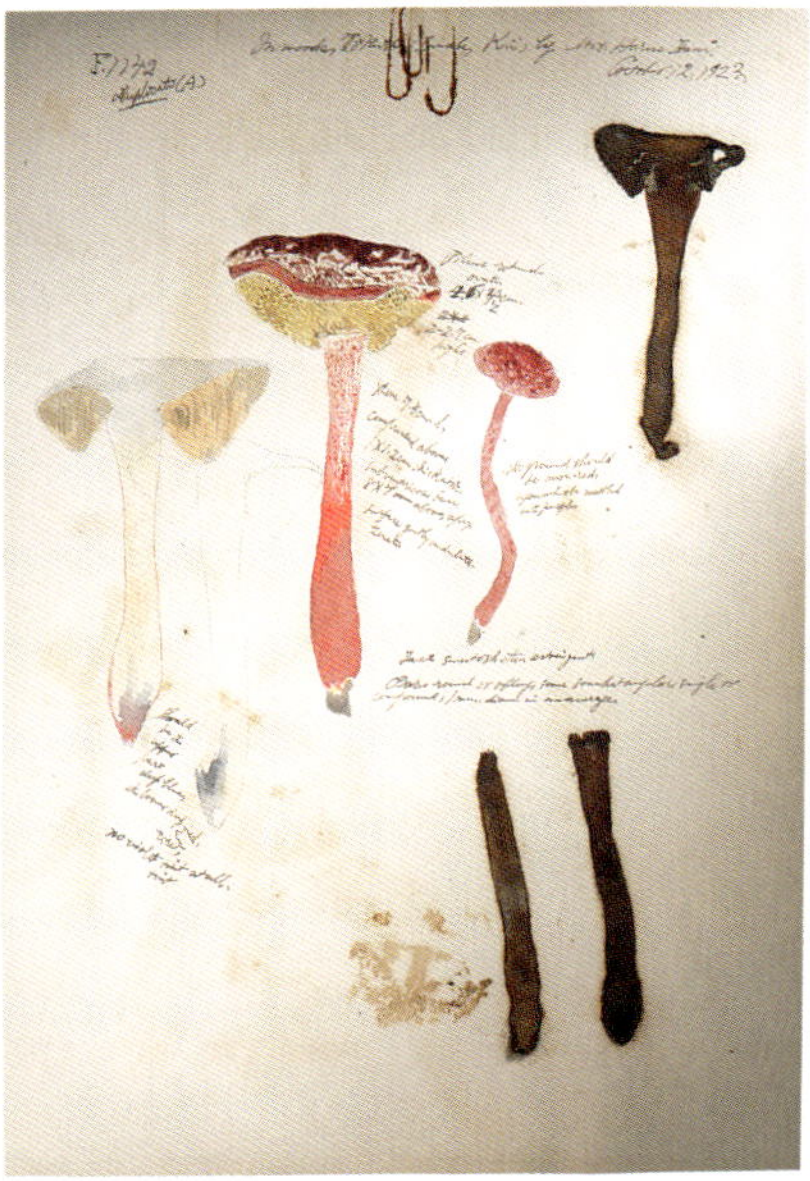

1923（大正12）年10月12日、田辺の闘雞社にて
井谷春枝が採集した未同定のきのこ

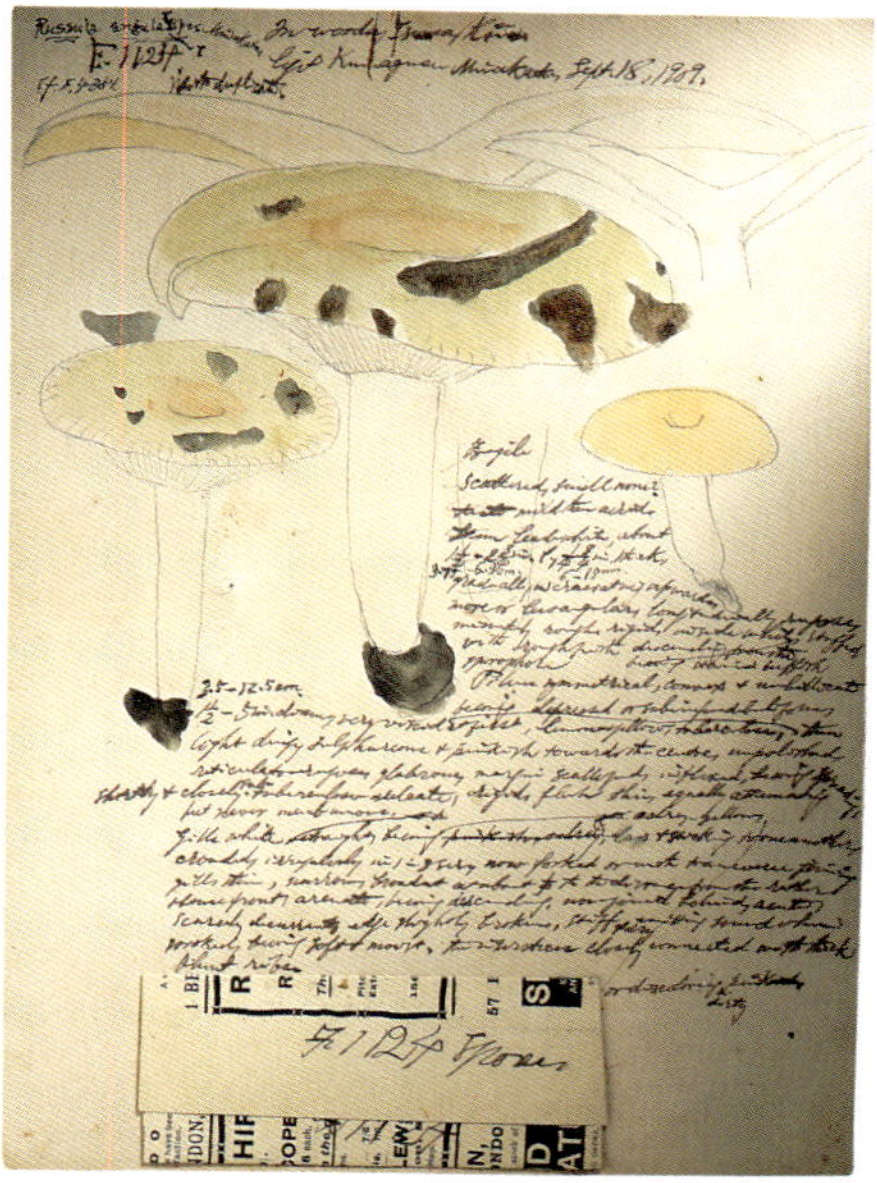

1909（明治42）年9月18日、田辺の磯間にて
熊楠が採集したベニタケ属のきのこの新種

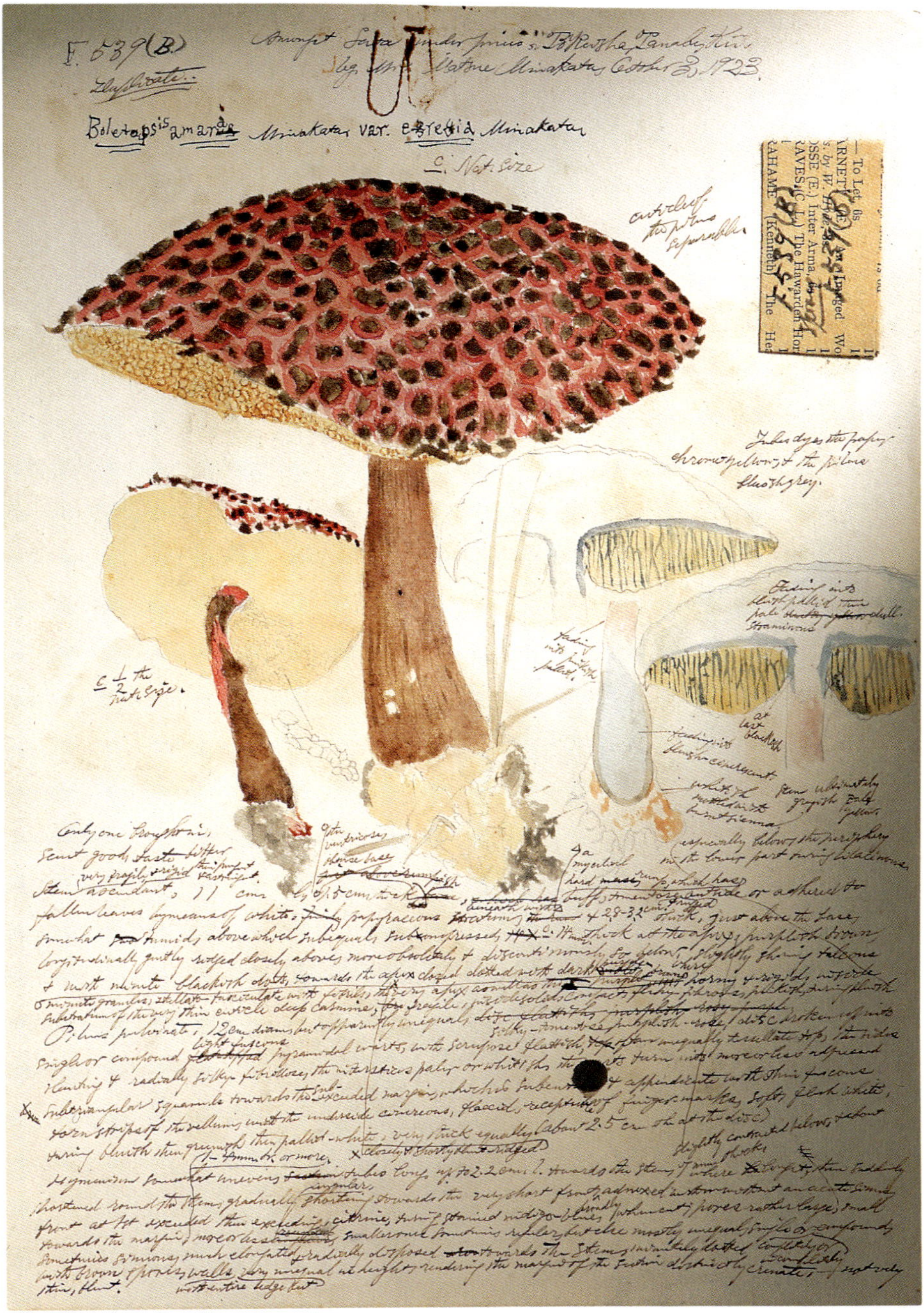

1923（大正12）年10月3日、
田辺の闘雞社にて南方松枝が採集した*Boletopsis*属のきのこの新変種

藻類、地衣類

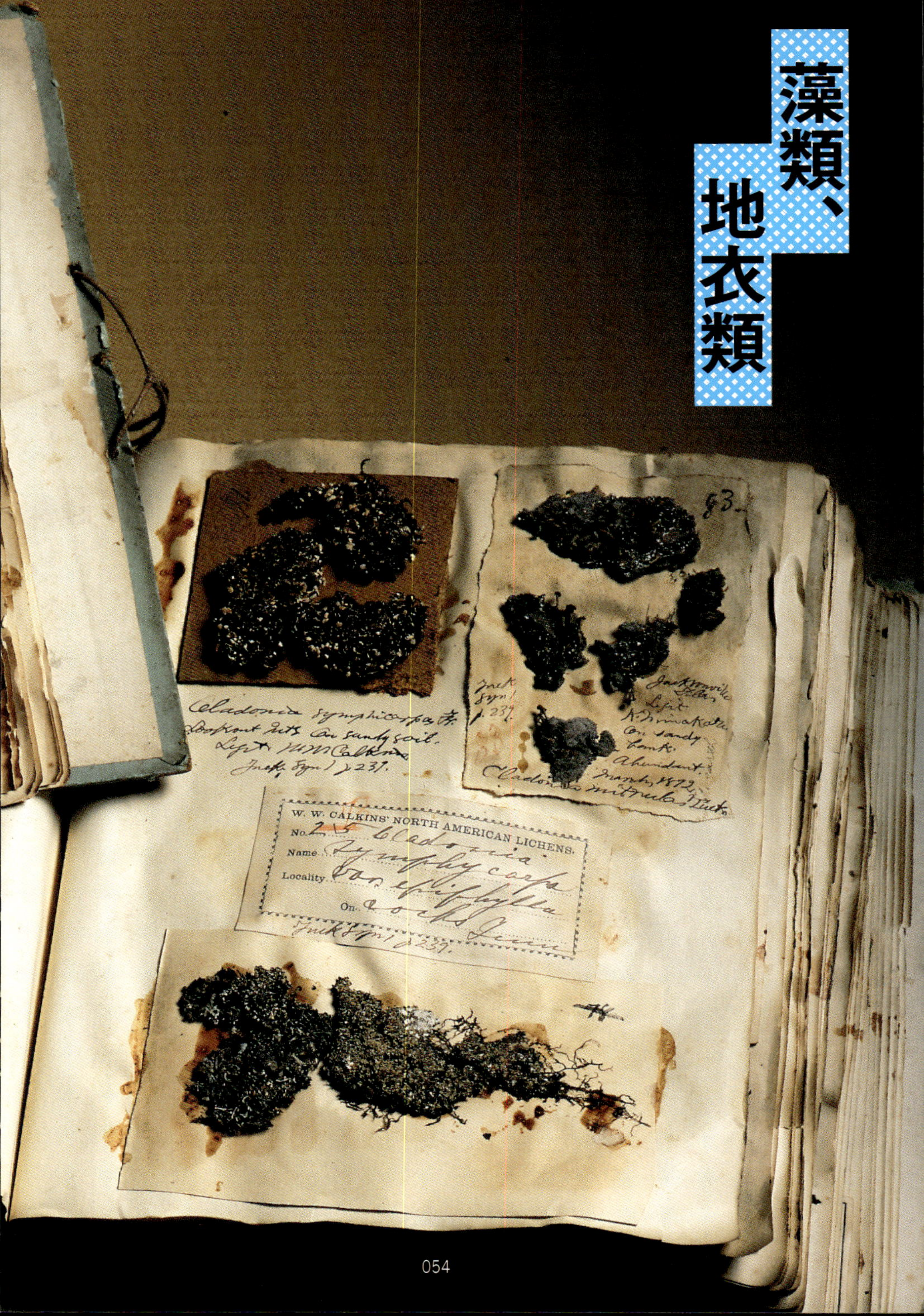

カルキンスから寄贈された地衣類標本に、熊楠自身が採集した標本を加えて作った北米産地衣類標本集。全2冊

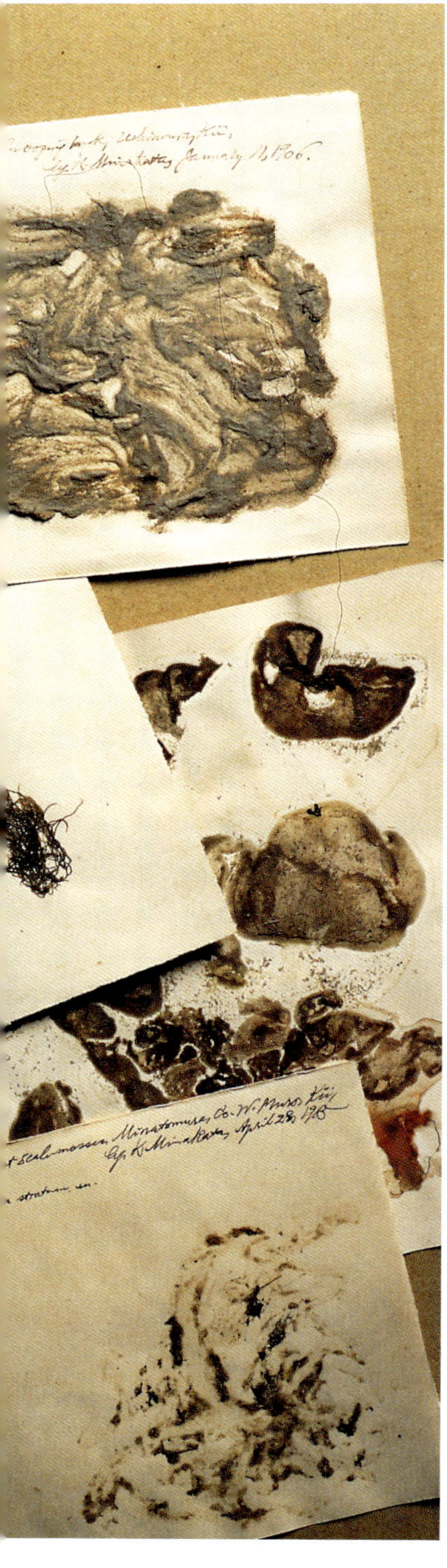

かつて、藻類や菌類、コケ植物、シダ植物、それに菌類と藻類が共生して一体となっている地衣類などは「隠花植物」という用語で分類されていた。現在の植物学では用いられなくなっているが、熊楠の学問を考える場合には重要な概念である。当時、生物は動物と植物の二つに分けられ、植物は花の咲く顕花植物と花の咲かない隠花植物からなるとされていた。

熊楠が隠花植物に関心を持ち出したのは、アメリカからキューバ時代のことであろう。一八九一年に出したと推定される友人の羽山蕃次郎宛ての手紙には、藻類、地衣類、キノコ、粘菌、コケの採集を手伝ってほしいという依頼が書き込まれている。この時、熊楠が隠花植物ばかりを対象として挙げている背景には、地衣類を専門とするカルキンスとの交流もあったと考えられる。

さらに、ロンドンの大英博物館にいた頃、植物学者のジョージ・マレーに、日本の隠花植物については研究が進んでいないからこれをやってほしいという依頼を受けたことは大いに刺激になったようである。帰国の一月後には、はやくも「紀州隠花植物の予定」として藻類二〇五、地衣類二五〇、キノコ四五〇、粘菌一〇、コケ（蘚苔類）一五〇の合計一〇六五という目標が掲げられている。しかし、その半年後には、藻類五〇〇、地衣類五〇〇、キノコ二〇〇〇、コケ四〇〇、合計三四〇〇と、目標値が三倍以上にふくれあがっている。

結局、那智の山を下りる際には、熊楠の計算によれば、採集した数はキノコ二五三三種、藻類八五二種に達している。中心となったこの二つについて、自分で立てた目標を超えたことで、那智での植物採集をいったん終了する決意をしたのであろう。

熊楠淡水藻類コレクションの一部。帰国後の熊楠が調査対象にした川や田んぼ、湿った地面に発生する藻類は、ほとんどすべての種類が食用でなかったこともあり、当時の日本ではまだ研究が進んでいなかった

孫文が1901（明治34）年5月20日に採集、熊楠に贈ったハワイ産地衣類。熊楠と孫文はロンドンで知り合い、1901年2月には和歌山で再会している

Collected at Iao valley, Maui Island, Hawaii Territory, United States of America.
May 20th 1901.

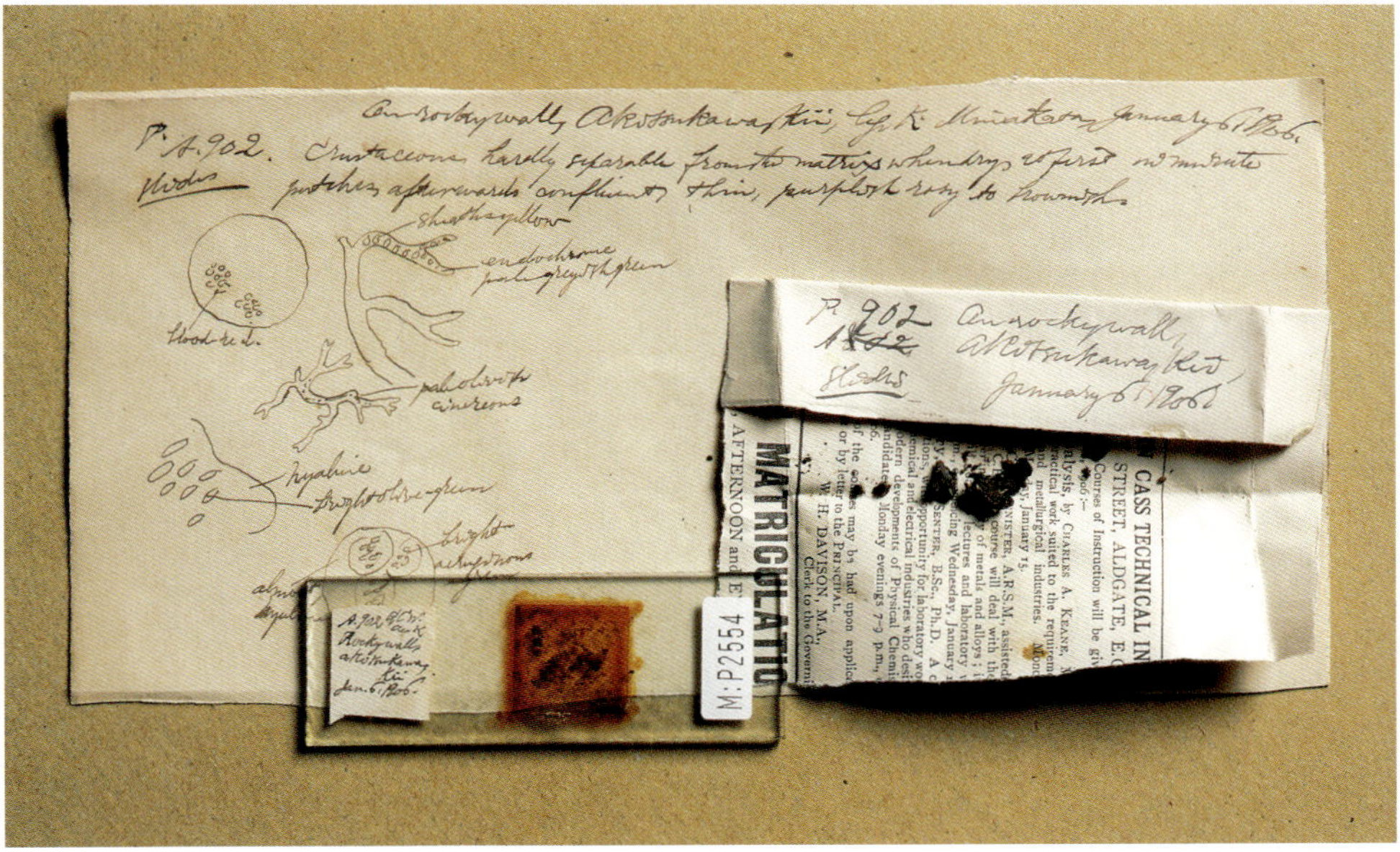

1906（明治39）年1月6日、田辺の秋津川にて熊楠が採集した淡水藻類標本（紙袋入り）とその顕微鏡図、および図作成に用いたプレパラート標本

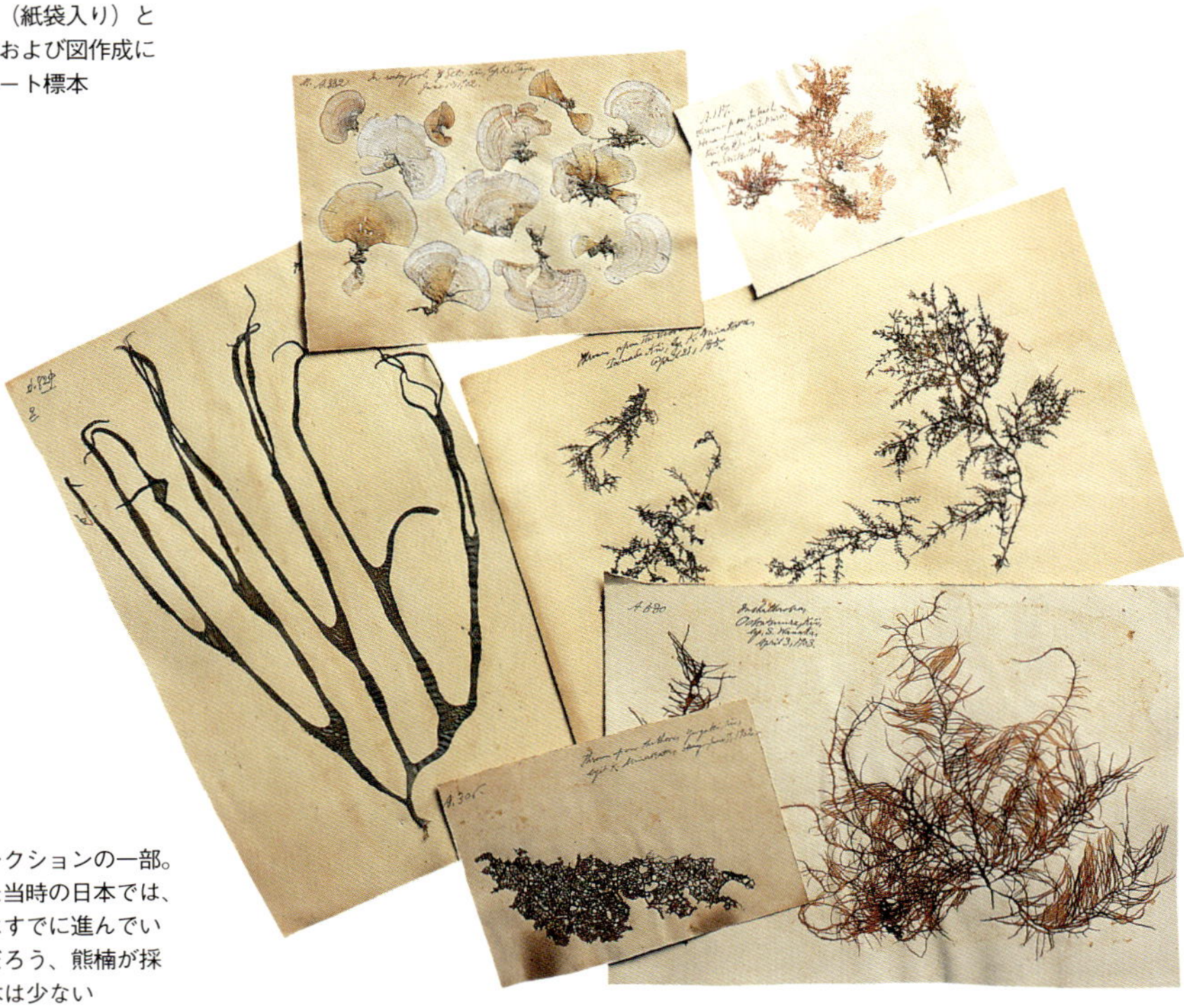

熊楠海藻類コレクションの一部。熊楠が帰国した当時の日本では、海藻類の研究はすでに進んでいた。そのためだろう、熊楠が採集した海草標本は少ない

65頁まで、熊楠がアメリカのアナーバーで採集した高等植物の標本。イネ（禾本）科エノコログサ（*Setaria*）属のキンエノコロ。1890（明治23）年8月、アナーバーの道端で採集。普通種であるが、鉛筆で精密なスケッチを行っている

ユリ科エンレイソウ（*Trillium*）属の一種。1889（明治22）年5月14日、森林で採集。鉛筆による線画に絵具で彩色。アメリカ産の花の美しいエンレイソウは、観賞用に栽培される

ナヨシダ属の一種 *Cystopteris bulbifera*。1890（明治23）年8月7日、丘のそばで採集。日記には「午後（ヒューロン）河辺に採集」とあり、この種名も書かれている

ミシガン州アナーバーにいた頃の二十代前半の熊楠は、高等植物の標本も多く作っている。とりわけ、エリー湖に注ぐヒューロン川の河畔や、町の郊外に広がる森林地帯にはさまざまな草花が繁茂していて、熊楠にとって格好の採集場所だったようである。この頃の日記には、特に五月頃から秋にかけて「ヒューロン河畔に採集」「近郊沼沢中に採集」「近隣森林中に採集」といった言葉が連日のように見られる。

こうして採集した植物を、熊楠は「腊葉《さくよう》標本」、つまり押し葉・押し花のような標本として残している。熊楠の生物資料を調査している植物学者の土永知子によると、これらの標本は「紙のテープを作って糊でていねいに台紙に貼り付け、日付や採集地、メモまで詳しく記入され、日記にも採集記録が書かれ

ている」（『国立科学博物館ニュース』第四五〇号）という。土永はこうした熊楠のやり方について「隠花植物と同様に、高等植物も当時の学問的な方法で分類し、大切に扱っていた」と評価している。

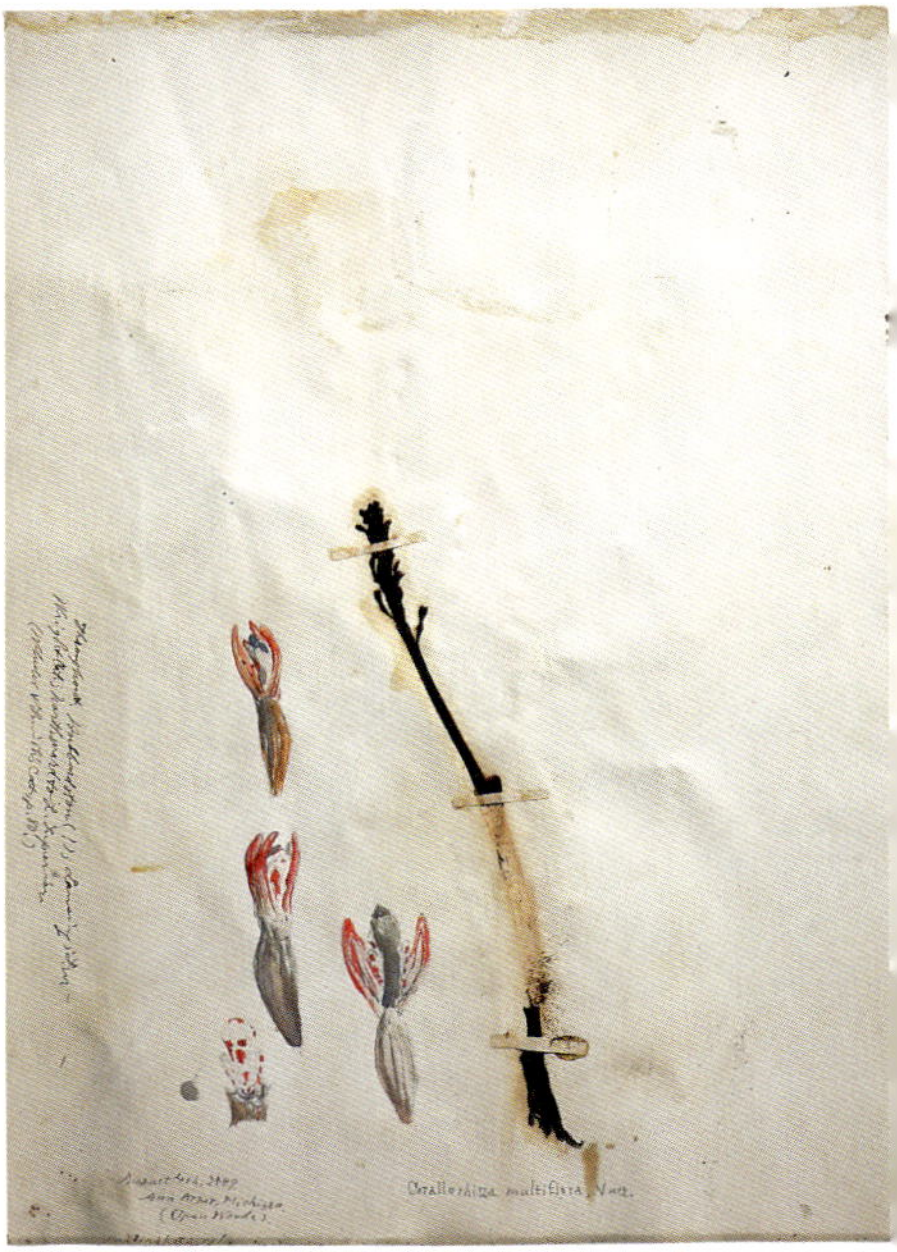

右上：1889（明治22）年8月4日採集。日記には「夕近隣森中に南方熊楠採集。所獲中新き者 *Curallorhiza multiflora*」とある

左上：オモダカ科ヘラオモダカ属の一種 *Alisma plantago var. americanum*。1888（明治21）年7月28日、湾で採集

左下：イチヤクソウ科シャクジョウソウの一種。産地や採集年月日、採集者などの記録は書かれていない。日記から推測すると、熊楠はこの植物を水晶蘭と呼んでいるようだ。シャクジョウソウとギンリョウソウは近縁種

イグサ科（燈心草科）イグサ属の一種 *Juncus canadensis* 。1890（明治23）年8月13日、湾で採集。
日記にも「午後河辺に採集する所左の如し」とあり、この植物の種名が載っている。花のスケッチが描かれている

マコモ属の一種 *Zizania aquatica* アメリカマコモ。1890（明治23）年8月11日採集。図鑑からの書き抜きに加えて、日本での分布地もメモされている。和名はマコモ。世界中に4種しかなく、このうち1種が東アジア、残りの3種が北米東部に分布する

昆虫、小動物

熊楠が36歳の時、1903（明治36）年7月9日の日記に描いた蜘蛛のスケッチ。鮮やかな色使いだ

帰国後、紀伊半島での熊楠の研究の中心は隠花植物であったが、彼が集めていた生物はその範囲にとどまるものではなかった。熊楠の没後に旧邸の蔵に置かれていた資料の中には、那智や田辺周辺の高等植物の標本が数多く残されていて、アメリカ時代に引き続き、草花の採集をおこなっていたことがわかる。昆虫採集も専門家なみで、微細な針に止められた膨大な昆虫標本からなるケースがいくつか存在する。また、アルコールに漬けられたり乾燥させられたりした海産性の小動物にも、珍しいものがたくさんある。

日記を見ても、熊楠は日々の生活の中で遭遇する生物の記録を詳細につけている。クモや昆虫、魚のスケッチが時折登場するし、庭に植えられた多様な草花の記録が、毎日のように記されている。那智時代から田辺時代にかけて、熊楠にとっては、生活の中で出会うすべての生物が観察の対象であった。

このことは、生物を個別の現象としてとらえるのではなく、全体として理解するという熊楠の自然に対する姿勢を作り上げていったと考えられる。そうした姿勢こそが、熊楠がecology、つまり生態学という言葉を日本で初めて本格的に取り上げることにつながったと考えられるのである。

「諸草木相互の関係はなはだ密接錯雑致し、近ごろはエコロギーと申し、この相互の関係を研究する特種専門の学問さえ出で来たりおることに御座候」（川村竹治宛書簡、一九一一年十一月十九日付）と書く熊楠は、生態系という新しい概念をきわめて正確にとらえていた。それは、紀伊半島において生物の世界にかこまれ、それらのすべてを自分の頭で理解しようとした熊楠だからこそ、可能となったことだったのである。

熊楠が採集した標本類。左はオコゼ。
右のウガは、尾の先端にエボシ貝を寄生させた珍しい海蛇

熊楠が鉛筆で描いた深海魚アカナマダと思われる魚の絵

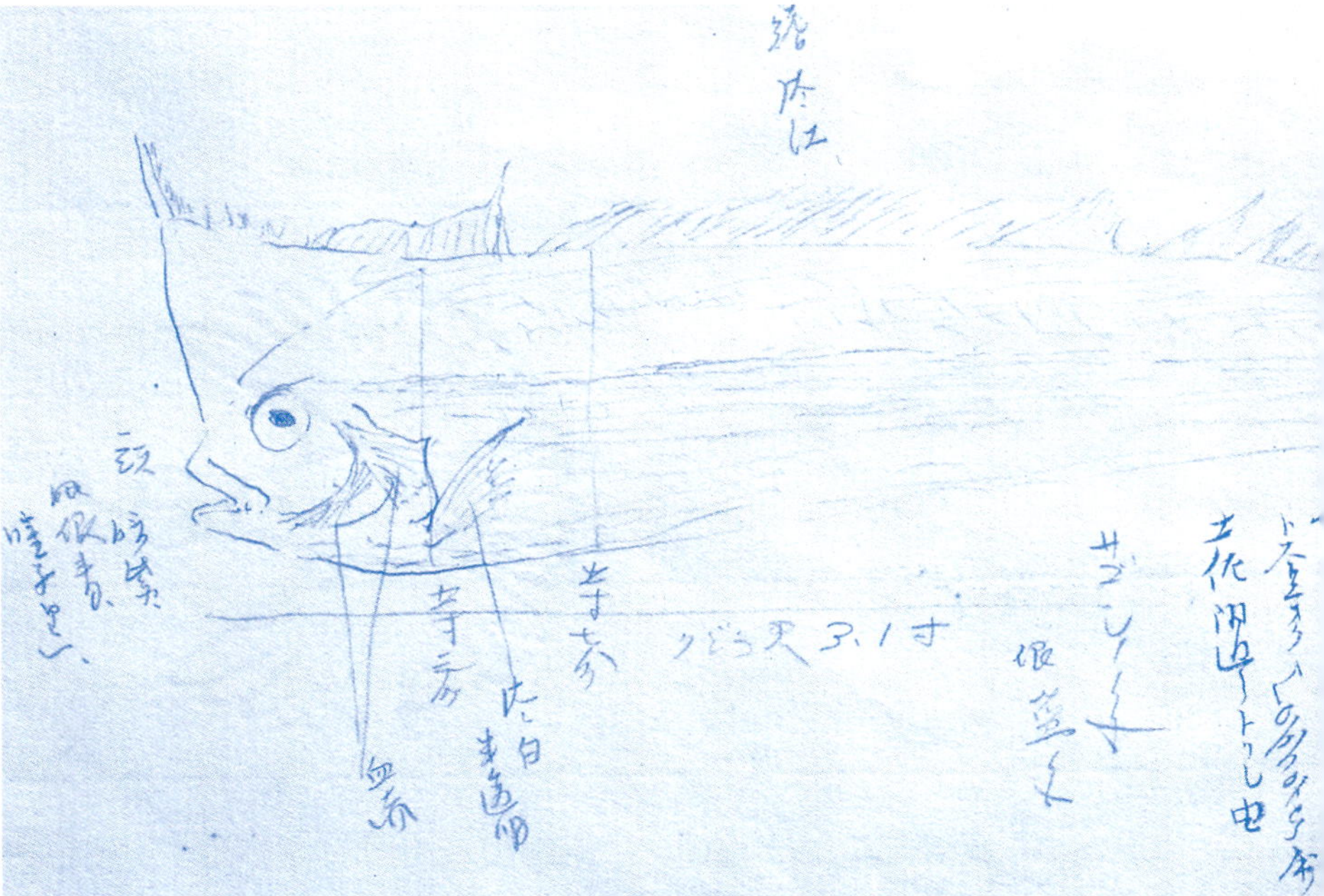

「きれいだな、よく自然にこんな色が出たものだ」

——父の手伝い

聞き手・谷川健一

谷川　先生の学問的なお仕事のお手伝いをなさったのはいつごろからですか。

文枝　昭和七年頃からでしょうか。父も六十路となり、目もそろそろ悪くなりはじめたのか、茸の色別がどうも怪しくなったから手伝ってほしいとのことで始めました。顕微鏡を覗いてそれを絵に描くとか、そんな仕事でした。茸の裏側、父はギルと言っておりましたが、たとえば絹かけとか茸の種類によって一つ一つ違っているので非常に根気のいる仕事で、いくら精魂こめて描いても、父はなかなか気に入らず、そうですね、二百枚ぐらい描いてようやく合格しました。

　粘菌できれいなのがあると、とても喜びました。「きれいだな、よく自然にこんな色が出たものだ」と家内じゅうを呼びまして、顕微鏡を一人一人の度に合わせて見せてくれました。粘菌は始終活動を続けており、紫色のを見せてもらったときはほんとうにその美しさに魅せられました。そして飽きもせず自然科学に精進する父の執念もわかるような気がしました。

谷川　熊野の方へも採集に行かれてますね。

文枝　寒い頃の菌類には変態が多いのだそうで、奇形のものもあるからといって行きました。兵生《ひょうぜい》という寒い所で営林署の官舎にお世話になり、冬ごもりも致しました。生活の道具はあったらしいけれど、何分にも食料品には不自由な所ですから、母が毎日のように小包を送っておりましたけれど、ここにも猫がいるから鰹節をたくさん送れなど手紙が参りました。だいたいは六月頃から松茸が生える頃までが観察期間で、出入りの八百屋が来ますと、松茸の様子を聞くのです。「先生、今年は多いよ」と言うと、「それは困ったなあ、また踏み荒らされる」と言っていました。他の茸が荒らされると心配して。

あるとき、銭湯へ行って、間違えて他人の着物を着てそそくさと帰って来て書斎に入ってしまったのですが、そのとき風呂桶の腐ったのを大事そうに持っているんです。いつも風呂屋の洗面台の下に古い桶が一つ置いてあったんですが、それに何か茸が生れつつあるのに目をつけていたんですね。そこの主人に桶を洗わないように頼んで数日後、期待していた黒い茸が生えたので嬉しくてたまらず、そのまま飛び出し、他人の着物をひっかけて帰って来たのですね。奇行と申しましても、やはりそれぞれわけがあるのです。その後は、番台のおばさんに着物を入れた箱の番号に気をつけて下さるよう頼んでおきました（笑）。

夏場は主として茸や粘菌の研究で、民俗学のほうは余技として冬場にやっておりました。

＊『父 南方熊楠を語る』（南方熊楠 南方文枝著 谷川健一ほか編、一九八一年、日本エディタースクール出版部）より抄録

自宅庭の樹木の中でも、熊楠がことに愛した大楠

熊楠旧邸の現在の母屋のようす。
庭に面して開け放った座敷に、風が吹き抜ける

Ⅲ 内的宇宙へ

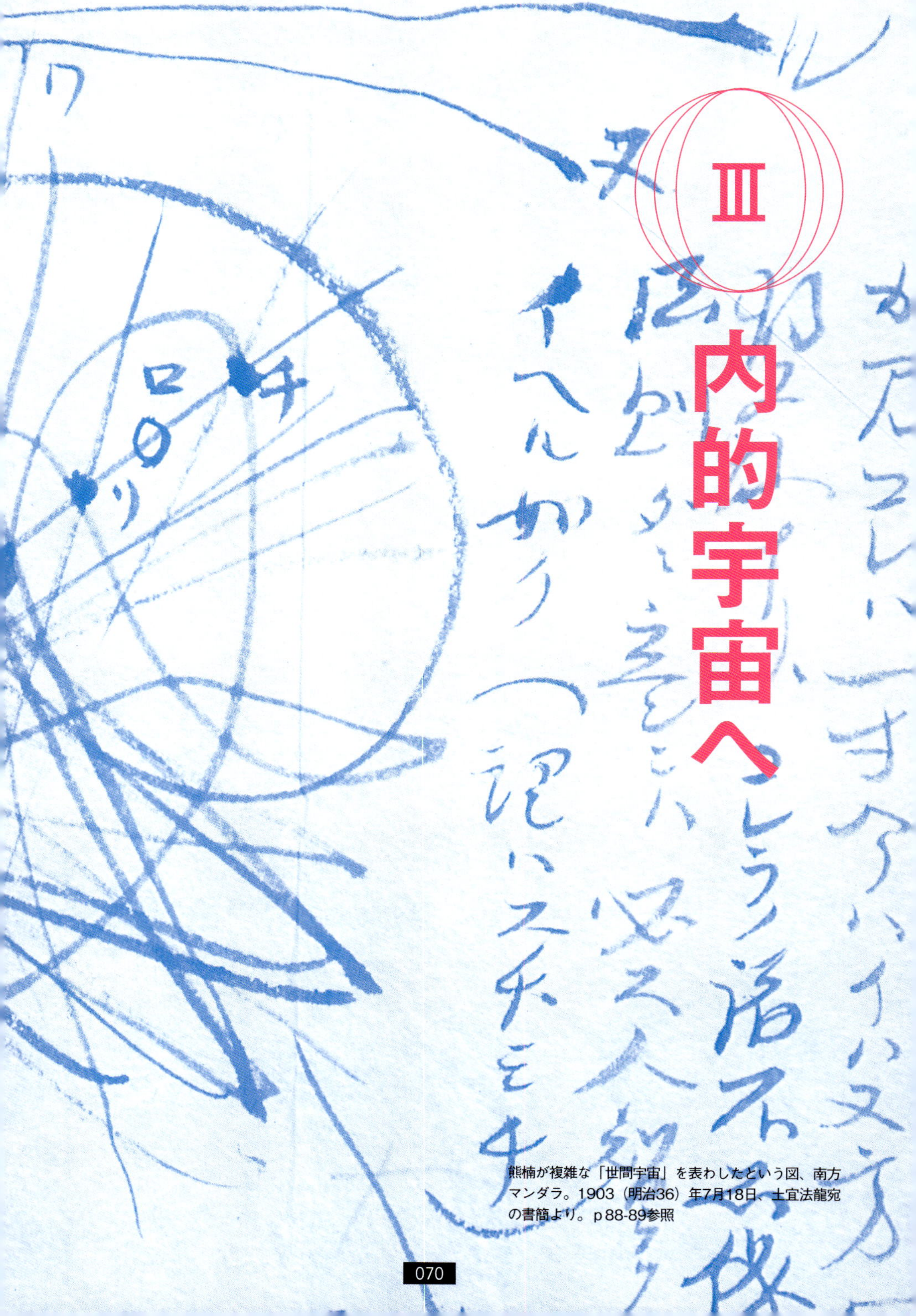

熊楠が複雑な「世間宇宙」を表わしたという図、南方マンダラ。1903（明治36）年7月18日、土宜法龍宛の書簡より。p88-89参照

南方熊楠の好奇心は、生物という外側の世界に向けられるだけでなく、自分自身も含む人間の精神という内的宇宙にも投げかけられていた。

若き日の熊楠は、自分が学問の対象にしたいのは、「物」と「心」の接触によって生ずる「事」の世界だと語ったことがある。そうした関心から、熊楠は夢や身体といったフィールドに着目する独自の研究のスタイルを作り上げていった。

さらに熊楠は、その関心の延長線上にあるものとして、セクソロジーや人肉食といった他の学者が扱わない分野にも果敢に踏み込もうとした。熊楠が切り拓いて行った学問分野は、一言で言えば「民俗学」ということになるだろうが、その研究の対象は、「民俗学」という言葉から連想される範囲よりもはるかに広い。

そうした熊楠の幅広い学問構想がもっとも集約的に語られているのが、那智時代、一九〇三年の土宜法龍宛書簡に見える、いわゆる「南方マンダラ」である。ここで熊楠は、真言密教の発想を借りて、自然科学から人文学までのさまざまな学問分野を統合する学問モデルを作り出そうとしている。

このモデルが、その後の熊楠の学問活動とどのようにつながっていくかについては、まだきちんとした定説があるわけではない。たとえば「南方マンダラ」執筆の六年後に始まる神社合祀反対運動への思想的な展開なども、考察されるべき点であろう。

病の自覚

熊楠の破天荒な生き方は、一方ではどこか深い内省、あるいは絶望感とも言うべきものに基づいた決意を感じさせるところがある。まばゆい光と、深い闇。そのどちらもが、熊楠の精神の内部で同時に進行していたものであり、最近の熊楠に関する研究には、そうした光と闇のコントラストに焦点を当てた論も多い。

　たとえば、中学から予備門時代にかけての多感な時期の熊楠が、病の自覚を抱いていたことは注目される。飯倉照平の発見によると、『和漢三才図会』の筆写本には、すでに十四歳頃の時に精神的な病を発していたという記述がある。家庭内の悩みに加えて、あまり根を詰めて筆写をおこなったことから「その積る所終に発して病となり、今に全くは癒えざるぞ憂き」というのである。

　その後、熊楠は十八歳の時、授業の最中にてんかんの発作を起こし、これがきっかけで予備門を退学することになった。静養中に書かれた「日高郡記行」には、「明治十九年春二月、予、疾を脳漿に感ずるをもって東京大学予備門を退き、帰省もっぱら修養を事とす」という説明が見られる。同様の発作がアメリカ時代にもあったことが、明治二十二年四月二十七日の「夜癲《てん》癇《かん》発症。十九年十月以後初てなり」というアナーバー滞在中の日記からわかる。

　牧田健史は、青春期にこうし

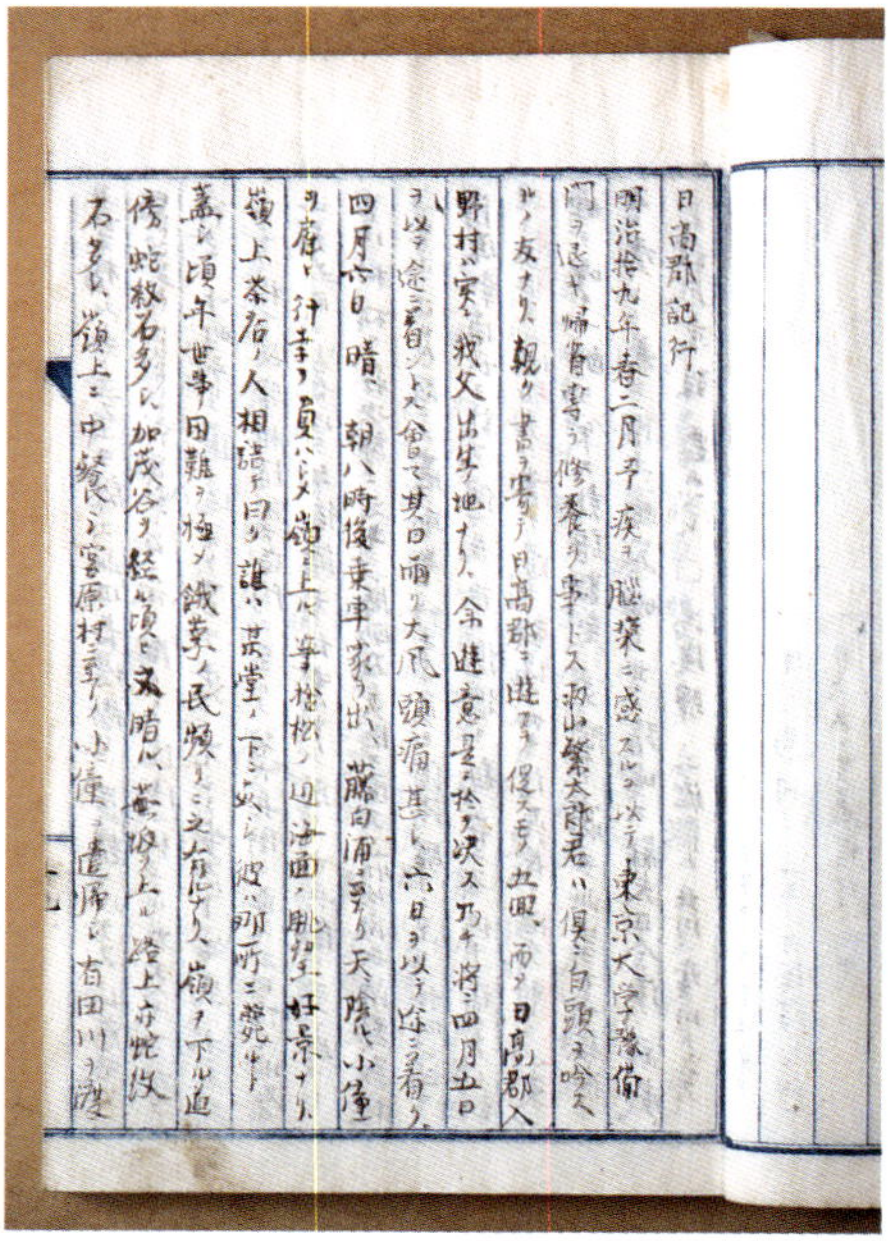

てんかんの発作について書かれた、「日高郡記行」ノート。1886（明治19）年

左頁：1886（明治19）年2月5日、熊楠18歳のときの日記。てんかんの発症を記録している

た病を経験したことが、自分は海外で果ててもよいという放浪時代の熊楠の決意につながったと分析している。てんかんについては、いわゆる天才に多い症状で、熊楠の場合もゴッホやドストエフスキーなどと共通しているという近藤俊文の指摘もある。熊楠の場合、病の自覚が深ければ深いほど、学問への集中力が増し、結果としてその創造性の源となっていったという側面も否定できないだろう。

　このことを裏付けているのが、柳田国男宛書簡（一九一一年十月二十五日）の中で、自分が学問に志した理由を語っている部分である。ここで熊楠は、「小生は元来はなはだしき疳積持ちにて、狂人になることを人々患《うれ》えたり」という言葉とともに、自分は病を抑えるための「遊戯」としての学問、とりわけ博物学に身を入れたのだと述懐する。

そして、「これはなかなか面白く、また疳積など少しも起こさば、解剖等微細の研究は一つも成らず、この方法にて疳積をおさうるになれて今日まで狂人にならざりし」としている。

　熊楠の驚くべき学問的な集中力の裏には、こうした精神的な葛藤があったのである。

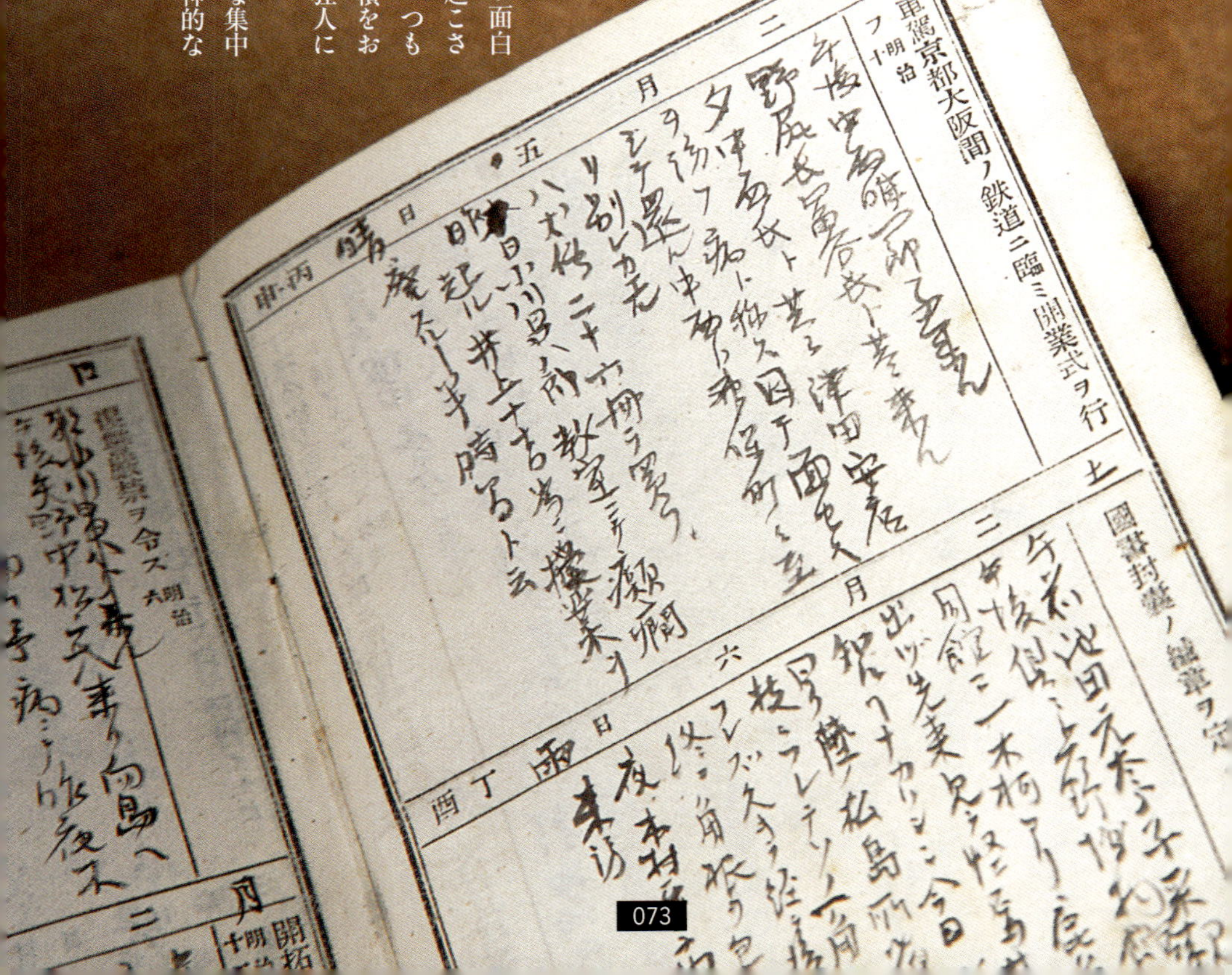

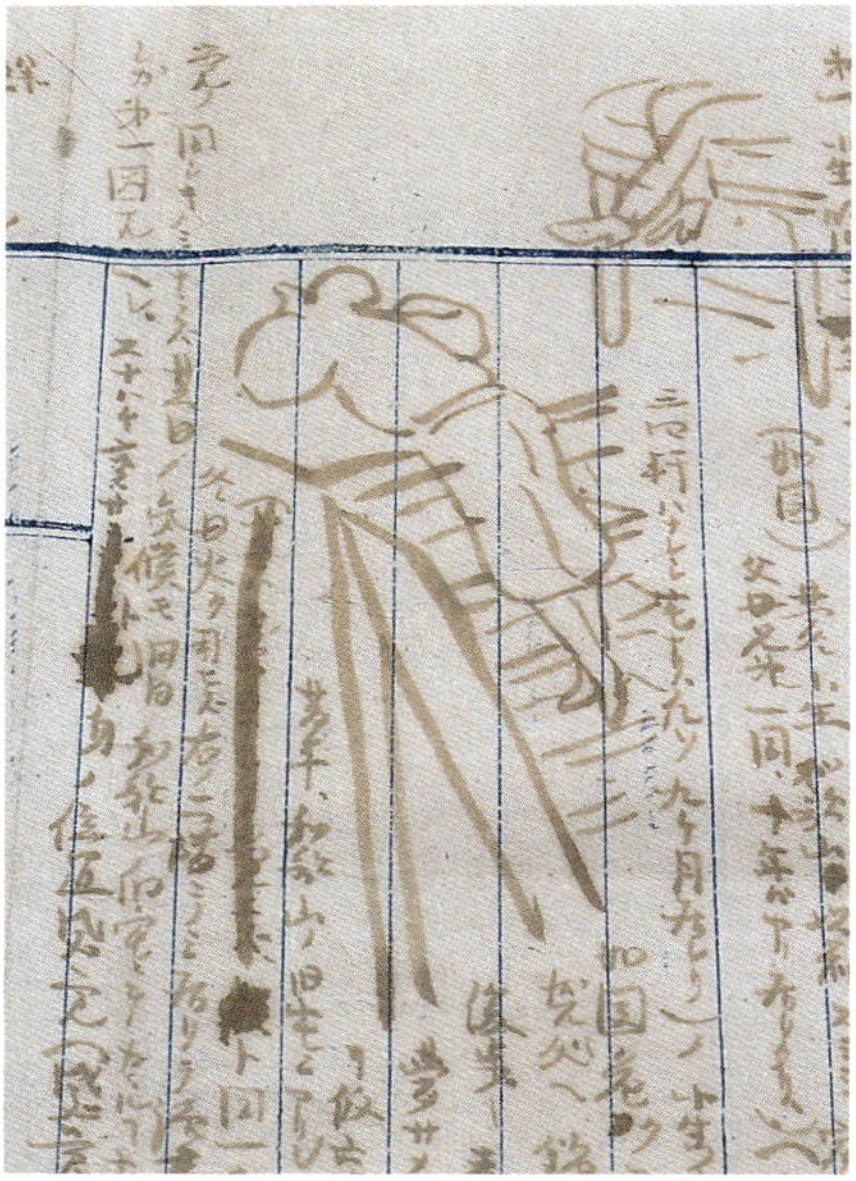

同じく、熊楠が夢について言及した土宜法龍宛の書簡。
1893（明治26）年12月21日〜12月24日

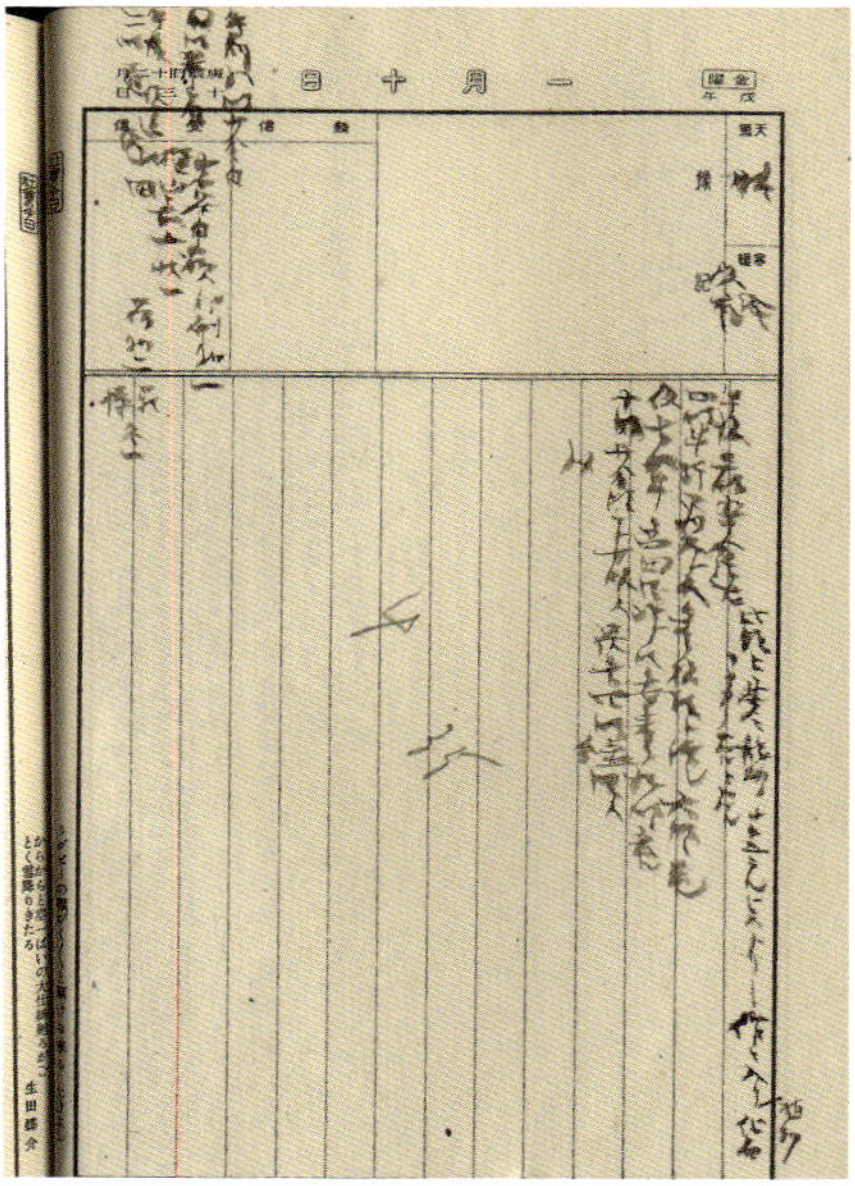

1941（昭和16）年、最晩年の日記。見た夢を目覚めてから書き留めている。また、就寝時間が算用数字で記されている

夢への関心

ロンドン時代から那智時代にかけて、熊楠は真言僧の土宜法龍との文通の中で、仏教や科学についての忌憚のない意見を交わしている。その中でも、熊楠がもっとも早い時期に独自の学問構想を語っているのが、「物」「事」「心」の図（78頁）とともに説明している次の文章である。

今の学者（科学者および欧州の哲学者の一大部分）、ただ箇々のこの心この物について論究するばかりなり。小生は何とぞ心と物とがまじわりて生ずる事（人界の現象と見て可なり）によりて究め、心界と物界とはいかにして相異に、いかにして相同じきところあるかを知りたきなり。
（一八九三年十二月）

自分は物や心を個別に理解するのではなく、その関係性を理解したいと熊楠は言う。「事の学」とみずから呼んだこの部分の議論は、法龍の関心を引き起こして論争となり、後の「南方マンダラ」につながって行く。

興味深いのは、熊楠がここで「事」の例として、自分の見た夢を挙げていることである。たとえば、アナーバーにいた時に、ある寒い夜、ベッドの上から足を垂れたまま寝た。すると、和歌山の実家にいた時に、寒い日にはしごに足を垂れて読書していた時のことを夢に見た。隣で妹の手習いの琴の音が聞こえると思っていると、それが馬の足音に変化し、起きてみればアナ

ーバーの街路の馬であった。これに続く部分では、熊楠はロンドンで雨の激しく降る日に、高

最晩年の日記と熊楠が愛用した座卓。
齢を重ねた熊楠の日記には、夢のことばかりが記録されるのだった

野山で家族と紀ノ川を下る際に聞いた川の流れの音を夢に見たことを語っている。

そんな風に、熊楠は自分の精神の中に、外部からの刺激が入り込んで夢が作られていく様子を分析しようとしている。つまり、自分の精神を実験のフィールドとして、「物」と「心」とはどのように不断に接触しているのかを確かめようとしたのである。

この後も、熊楠はしばしば夢に注目し、朝ごとに日記に書き留めるなどの記録に努めた。この傾向は、年を経るにつれて顕著となり、実は熊楠の最晩年の日記などは、「夢日記」と呼んでもよいような内容となっている。森羅万象をとらえようとした熊楠の目は、外の世界に対して見開かれるだけでなく、精神という内的宇宙の現象にも鋭い視線を投げかけていたのである。

身体への関心

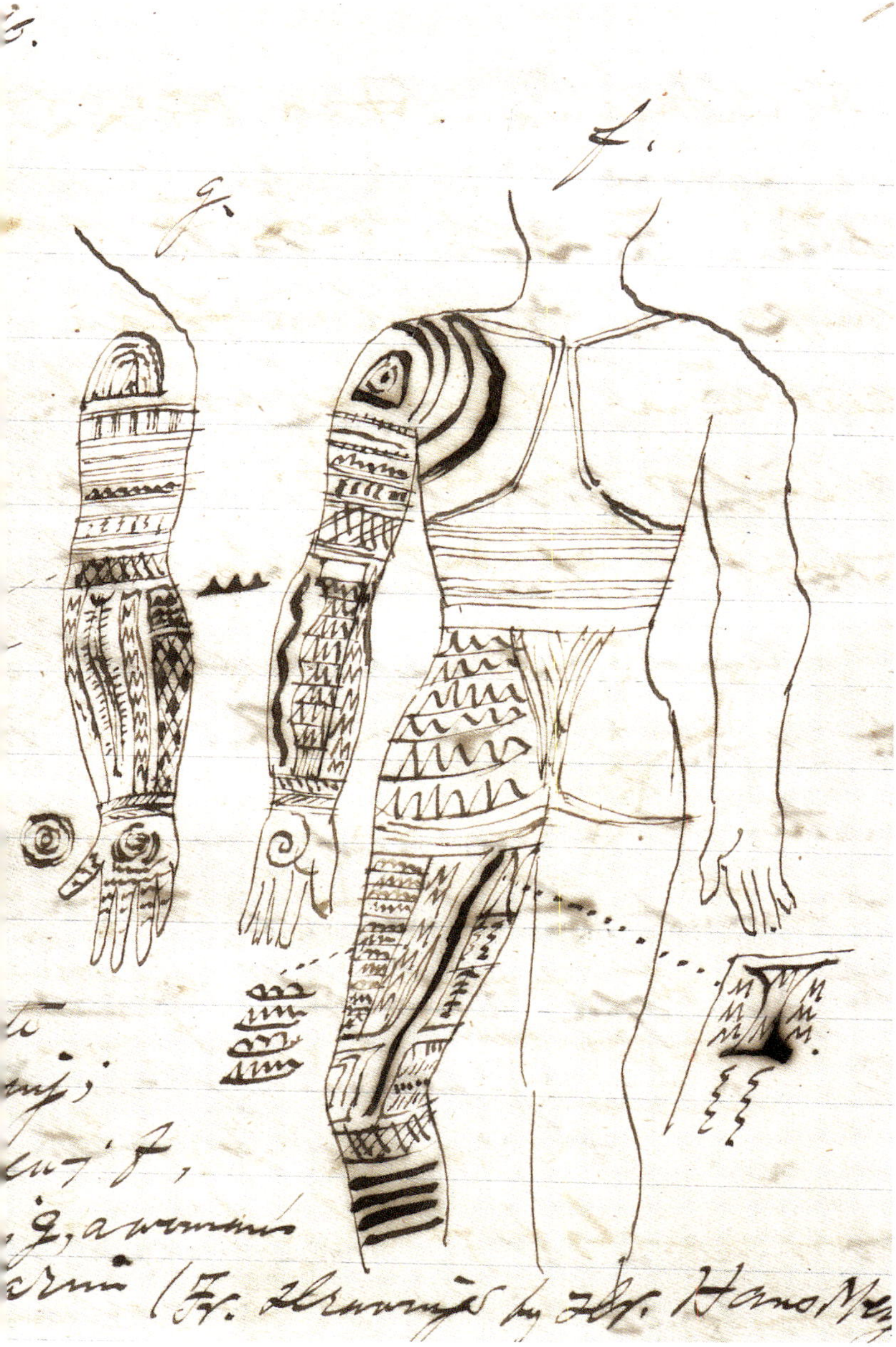

「ロンドン抜書」より、いれずみの図。
1899（明治32）年

「心」と「物」の接点として、熊楠がもう一つ着目したのは身体の問題である。「事」の問題を考える際のやり方として、こころみに右手で左手をついてみよ、と熊楠は言う。

左手がつかるる感覚よりいわば、右手は物にして左手は心なり。右手の感覚よりいわば、右手は心にして左手は物なり。

つまり「事」とは、それ自体としてあるのではなく、右手と左手の双方の接触の結果として生ずる感覚のようなものだと、熊楠は説明しているのである。こうした関係性をとらえようとする「事の学」の探求の中で、熊楠が身体の問題をさまざまなかたちで取り上げたのは必然的なことであった。

たとえば「ロンドン抜書」に描かれたいれずみや、拇印に関する挿図は、熊楠のそうした関心を物語っている。熊楠の初期の頃の英文論文として、一八九四年から九六年に『ネイチャ

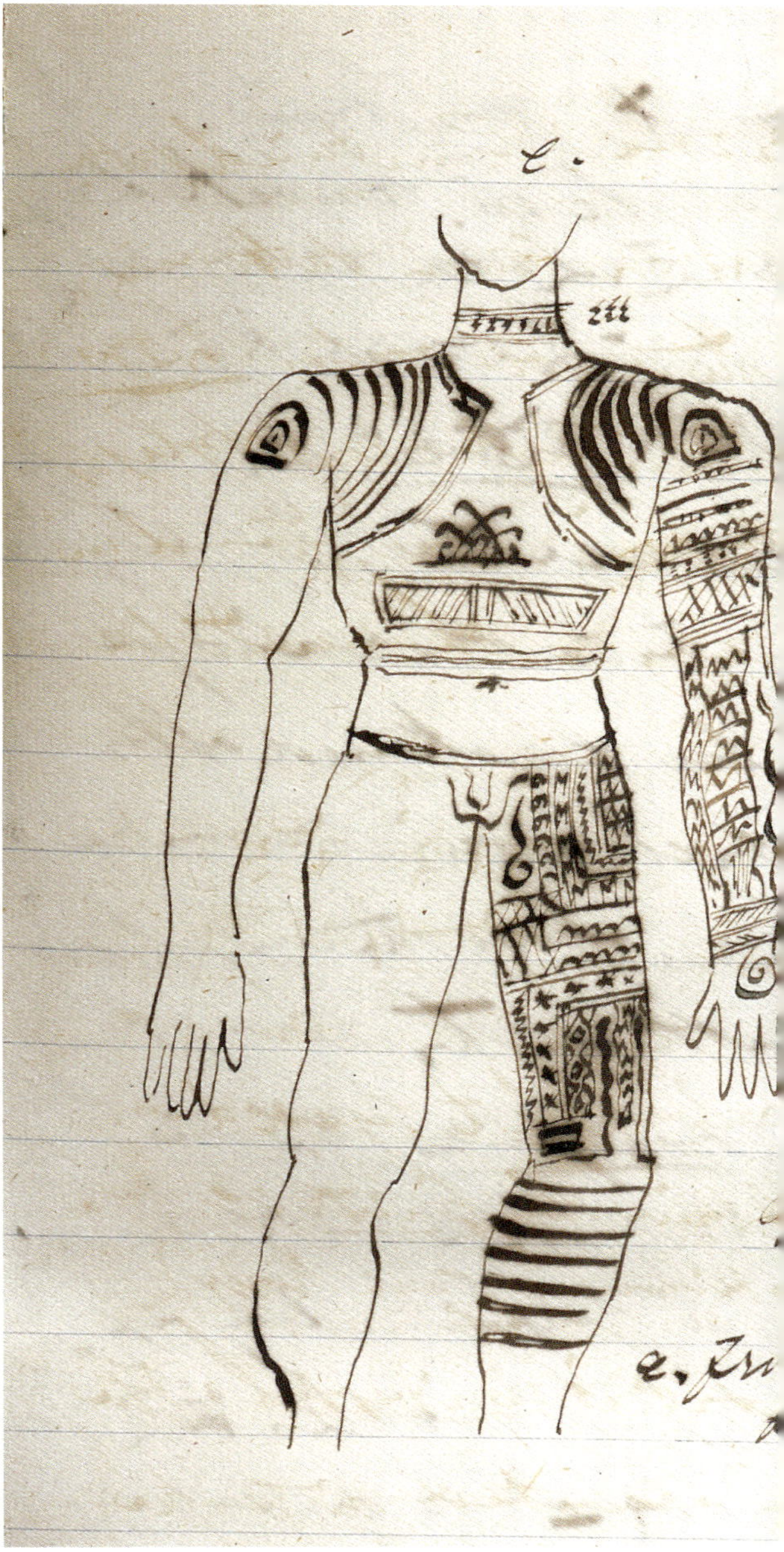

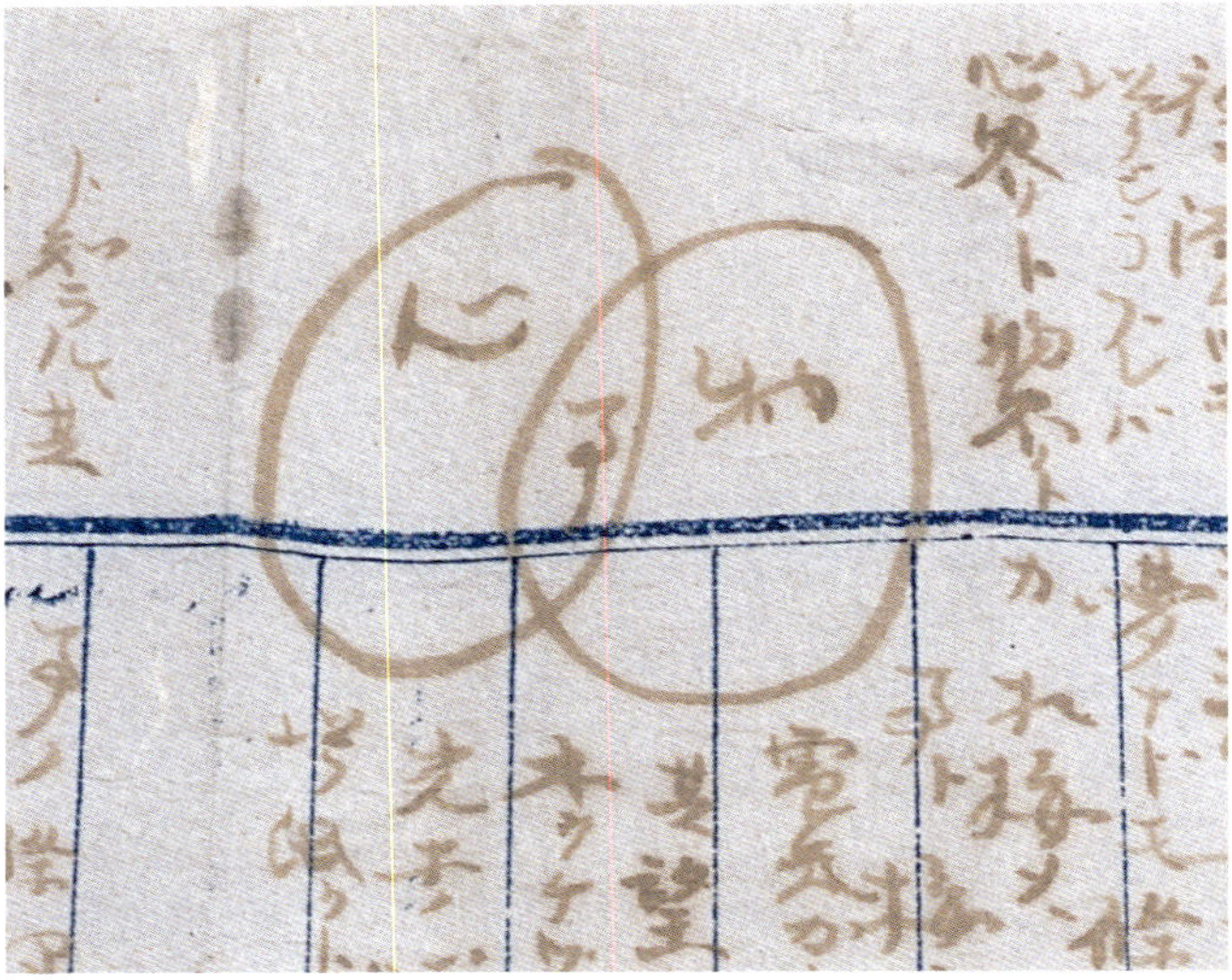

熊楠は身体の問題として、物・事・心の相関関係を図に表わした。土宜法龍宛書簡より。1893（明治26）年12月21日～12月24日

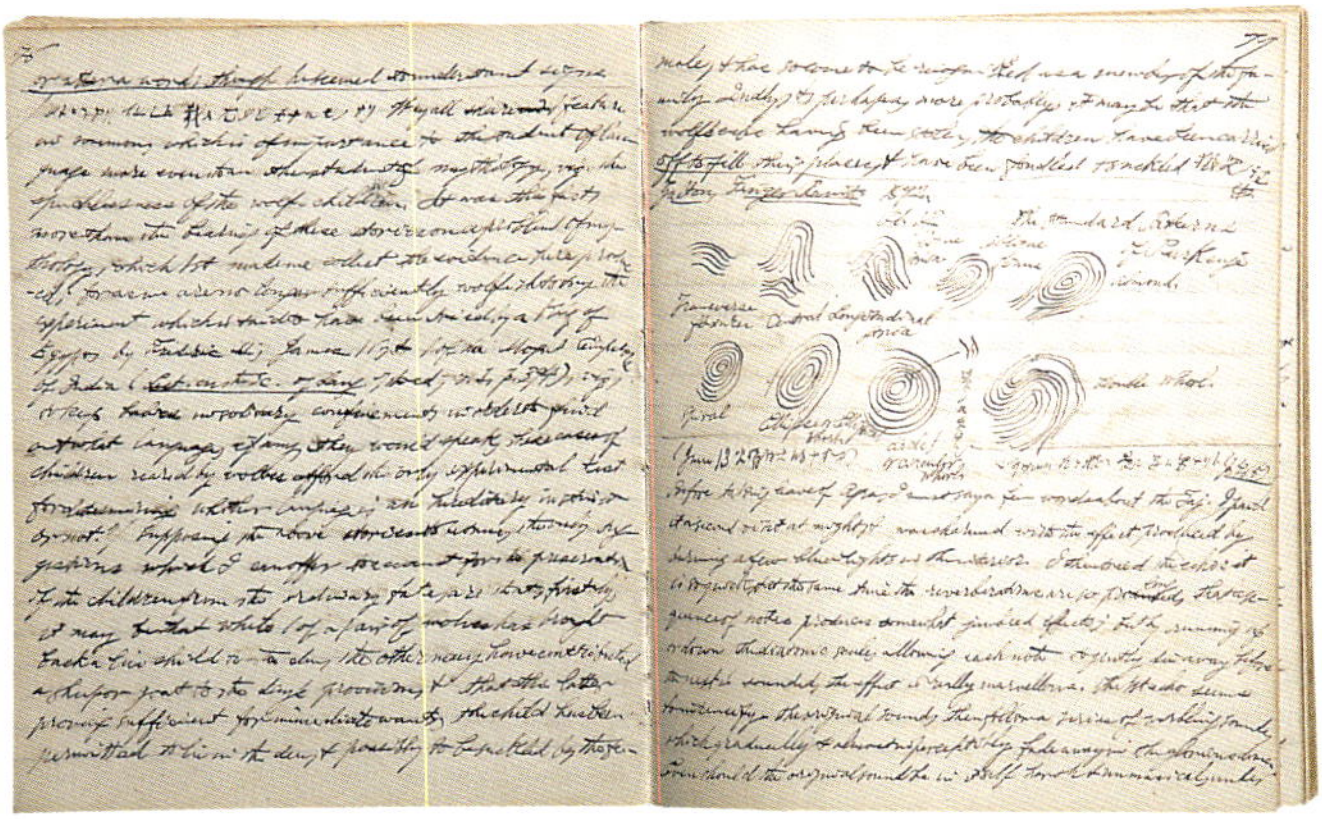

「ロンドン抜書」より拇印の図。1899（明治32）年

ー』に発表した「拇印考」があるが、「ロンドン抜書」からは、その後の熊楠が自然の中に残された身体の痕跡の問題に着目して、資料を集めていたことがわかる。これは、神や精霊などの超自然的存在が残した足跡などの痕跡とされるものを扱った熊楠の代表的な長文論文「神跡考」（一九〇〇～〇三年）に結実することになる。

　那智時代に書かれたいわゆる「南方マンダラ」の議論の中には、「故にわれわれは諸多の因果をこの身に継続しおる」という言葉も見える。熊楠にとって、身体は、「物」と「心」の接触によって起こるさまざまな現象（因果）が交錯する様子を分析するための、格好のフィールドとしてとらえられていたのである。

セクソロジー

セクソロジーをテーマに熊楠が綴った論文原稿類。かげまの屁について、月経に関する旧説について、若衆の名義起因について、鳥を食うて王になった話について

熊楠の思想の中で、「性」の問題は欠かすことができないものの一つである。初期の頃の「ロンドン抜書」は、男色、オナニズム、両性具有、宦官、売春、強制猥褻、性的錯乱など、セクソロジーと呼ぶべき内容の筆写で埋め尽くされている。

熊楠がこうした性に関する研究をみずからの学問の重要な一部として考えていたことは、帰国後の宮武外骨宛書簡に見える「小生……大英博物館にてpornography（淫画学）および男女に関する裁判医学を専攻致したること有之」という言葉からも明らかである。性にまつわる人類学あるいは民俗学的な現象について、熊楠は日本語論文の中でもさまざまなかたちで取り上げようとした。性の問題を「卑猥」として民俗学から排除する傾向のあった柳田国男に対しては、この件をめぐってしばしば対立し、「世態のことを論

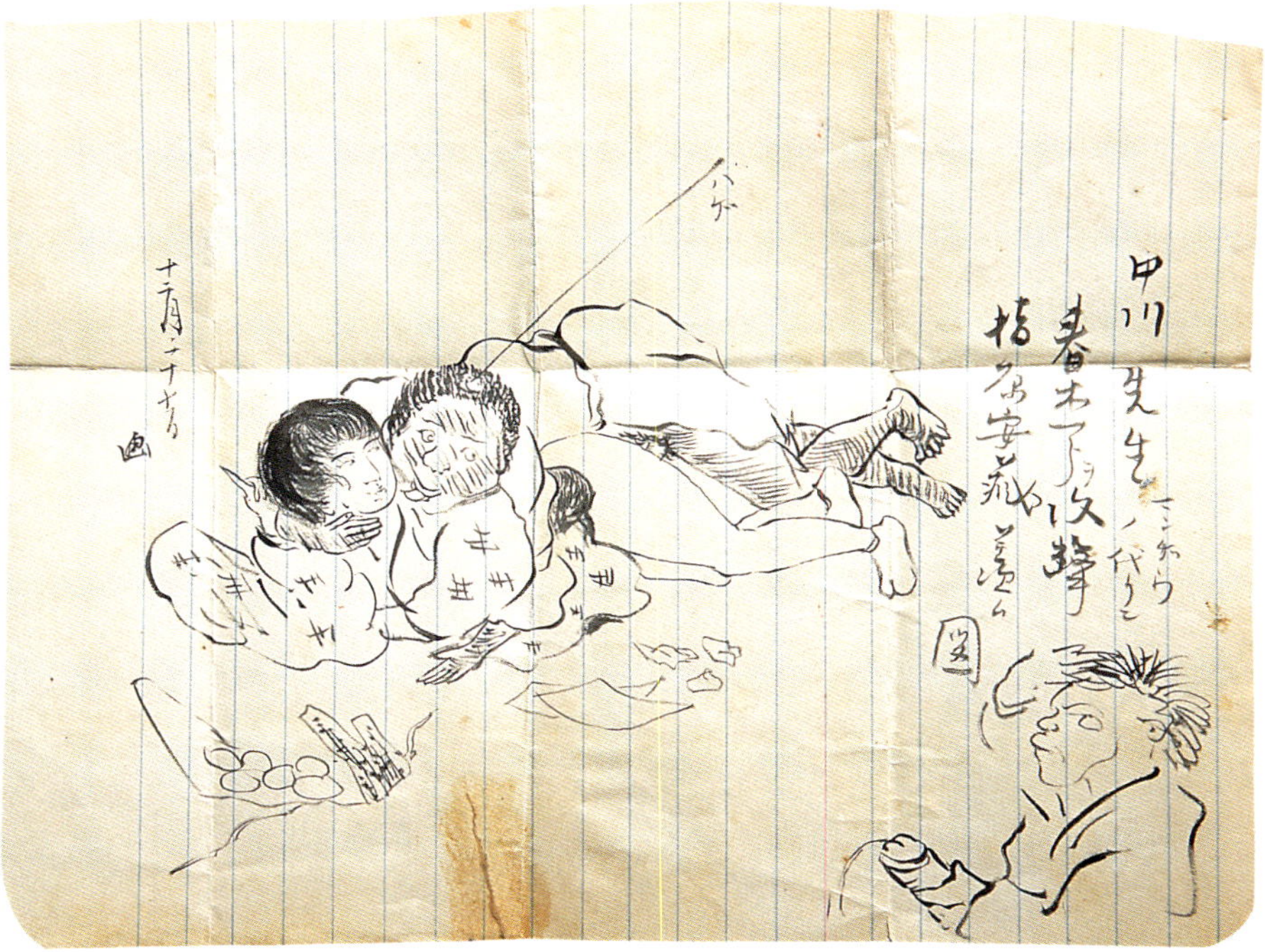

自筆新聞「珍事評論」第1号に描かれた男色の図の下絵。1888（明治21）年12月27日

ずるに、猥鄙のことを全く除外しては、その論少しも奥所を究め得ぬなり」（一九一四年五月十五日付）と反論している。

熊楠がこうしたセクソロジーに関心を持った理由としては、彼自身が、少なくとも青年期までは、少年愛の傾向を強く持っていたことが挙げられるだろう。しかし、そのことは、男色を罪と考える西洋の社会にあっては、犯罪行為に他ならなかった。オスカー・ワイルド裁判がおこなわれていたのは、ちょうど熊楠のロンドン滞在期のことである。

そのような中で、熊楠は「ロンドン抜書」において世界の各地域における男色や他の性に関する現象を丹念に書き写した。そこには、おそらく性におけるタブーを通じて、さまざまな社会や文化の間の比較分析をおこなおうとする意図があったと考えられるのである。

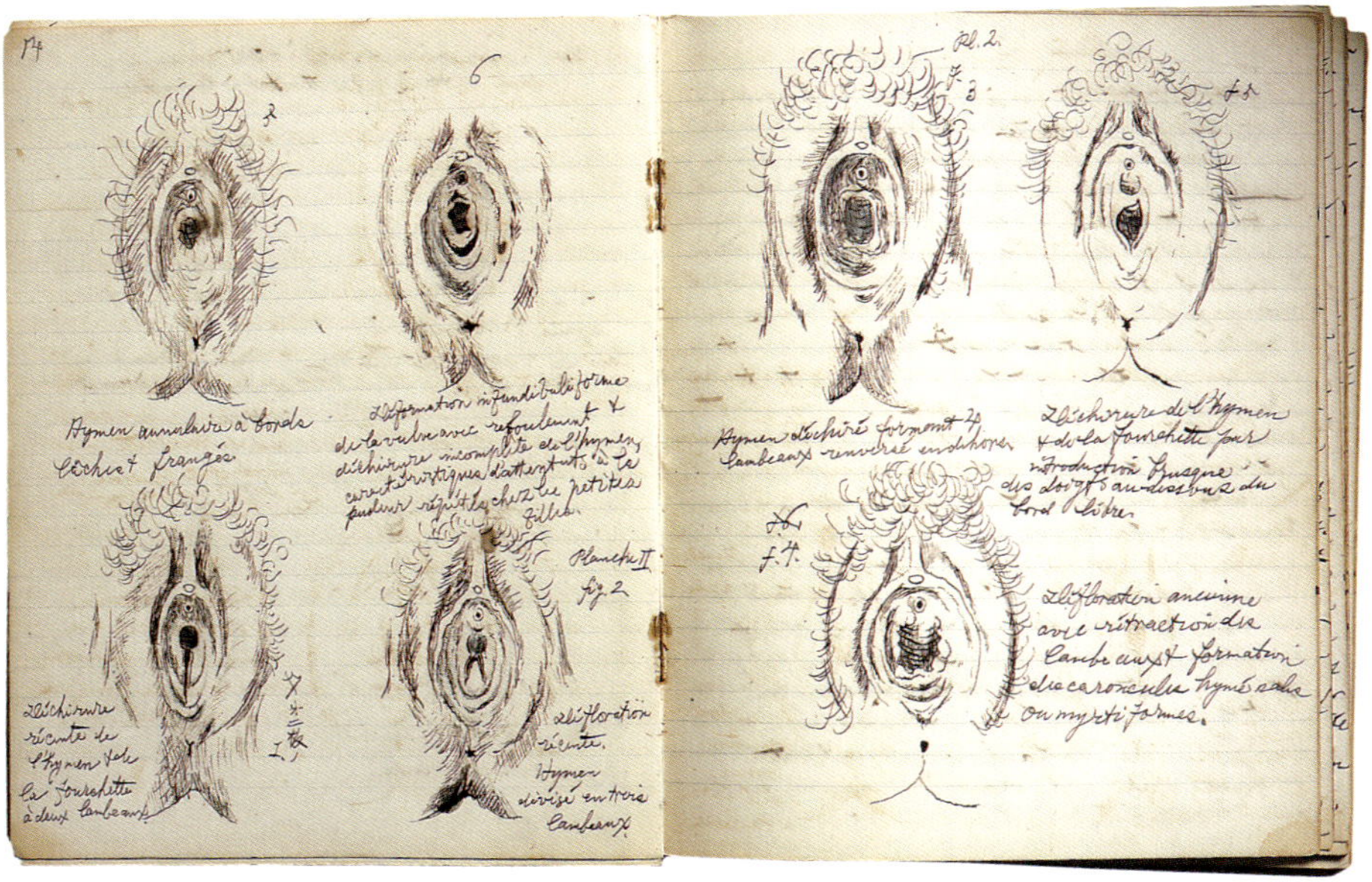

「ロンドン抜書」より女性器の図。
1896（明治29）年

人肉食について

人魚を食べて800歳まで生きたと言われる若狭の「八百比丘尼」の説話の挿図。1916（大正5）年

人肉食、カニバリズムは、単に人肉を食べるという行為を越えて、文化的な意味を担わされてきた概念である。十九世紀の西洋では、人肉食とは文明を理解しない野蛮な人種に特有の風習であるという認識が成り立っていた。

そうした文脈からすると、ロンドン時代の熊楠が、あえて日本人が人肉食をしてきたという主旨の論文を英語で書こうとしていたことはたいへん興味深い。結局、この論文は那智時代の一九〇三年に完成し、「日本の記録にみえる食人の形跡」と題して『ネイチャー』に送られたが、掲載されなかった。その後、この問題に関して、『食人風俗志』（一九一五年）を著した高知の民俗学者寺石正路に資料提供している。

社会的な規範に縛られずに実証主義をつらぬく熊楠の姿勢は、民俗学上の他の問題においても顕著である。たとえば、日本における人柱に関して柳田国男がそのような風習があったことを否定しようとした時には、これに真っ向から反論している。そして「こんなことが外国へ聞こえては大きな国辱という人もあらんかなれど、そんな国辱はどの国にもある」（「人柱の話」）と言うのである。

そこには、狭いナショナリズムの枠組みを超えて、相対主義の視点に立とうとする熊楠の学問の伸びやかさを見ることができる。

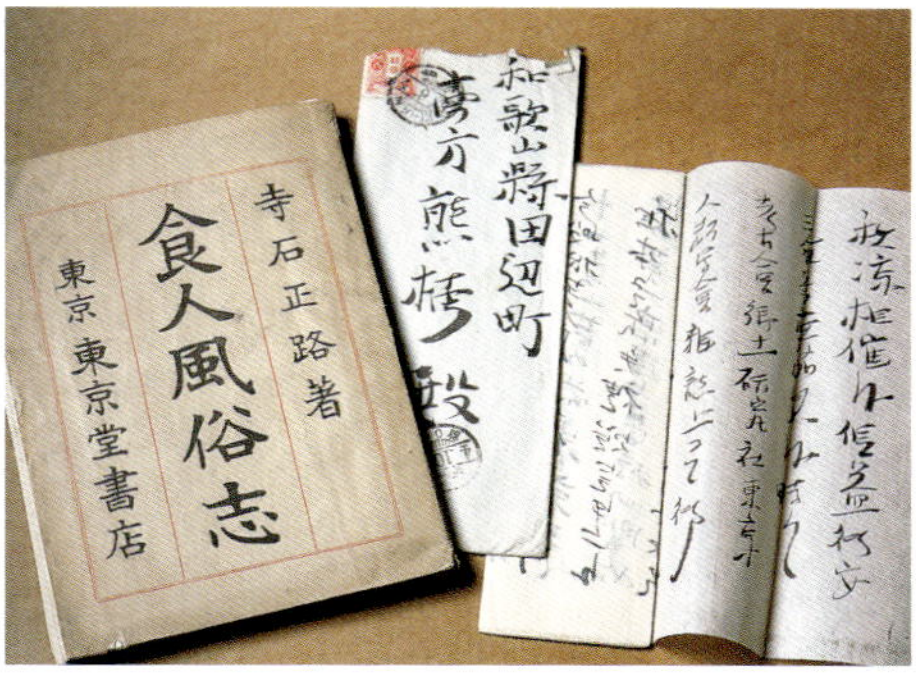

土佐の民俗学者、寺石正路からの手紙（1915〈大正4〉年9月29日）と、寺石の著作『食人風俗志』（1915年）

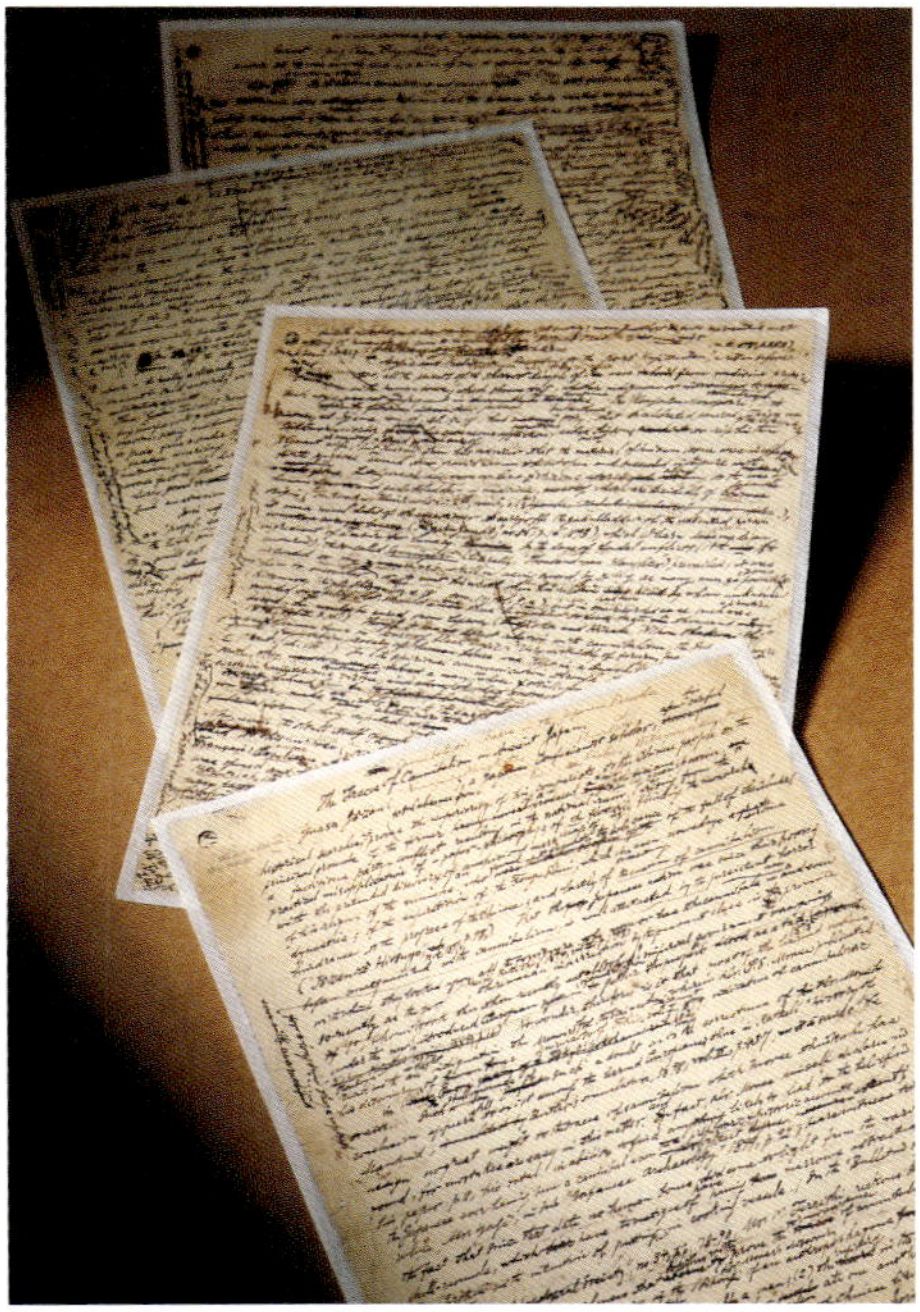
熊楠による、The Traces of Cannibalism in Ancient Japan（古代日本にみる食人の形跡について）と題された草稿。1903（明治36）年

民俗学への関心

一九一一年に始まる南方熊楠と柳田国男の文通による協力は、両者に学問的恩恵をもたらした。柳田は熊楠から英国を中心とするフォークロア研究の現状を学び、熊楠も柳田との交流によって日本での民俗学研究の場を広げることができた。柳田が中心となって一九一三年に発刊された雑誌『郷土研究』には、熊楠も数多くの論文を投稿している。

しかし、『郷土研究』の編集方針や民俗学のあり方に関する考え方のちがいから両者は対立し、一九一七年以降は絶信状態におちいる。柳田のやり方は熊楠には実証的ではないと見えたし、逆に熊楠の言動は柳田には独善的と映っていた。

柳田との絶信後、熊楠は独自に各地の民俗学者との交流を結び、さかんに情報交換をおこなっている。宮武外骨の発行していた雑誌にはセクソロジー関係の論文を寄稿、前述のように、寺石正路とは人肉食などについて意見交換をした。朝鮮総督府で民俗学調査をしていた今村鞆とは朝鮮の説話についてのやりとりをおこない、「南島の小南方」と自称した末吉安恭からは沖縄の男色に関する情報を得ている。

今日、熊楠の書いたテクストの多くは、論文ではなく私信の中の議論として残されている。英文、邦文の論文にも、誌上でのやりとりから発展したものが多い。その意味で、熊楠、特に民俗学の研究方法は、多数の人々との関わりをネットワークとして用いるかたちのものだったと言うことができるのである。

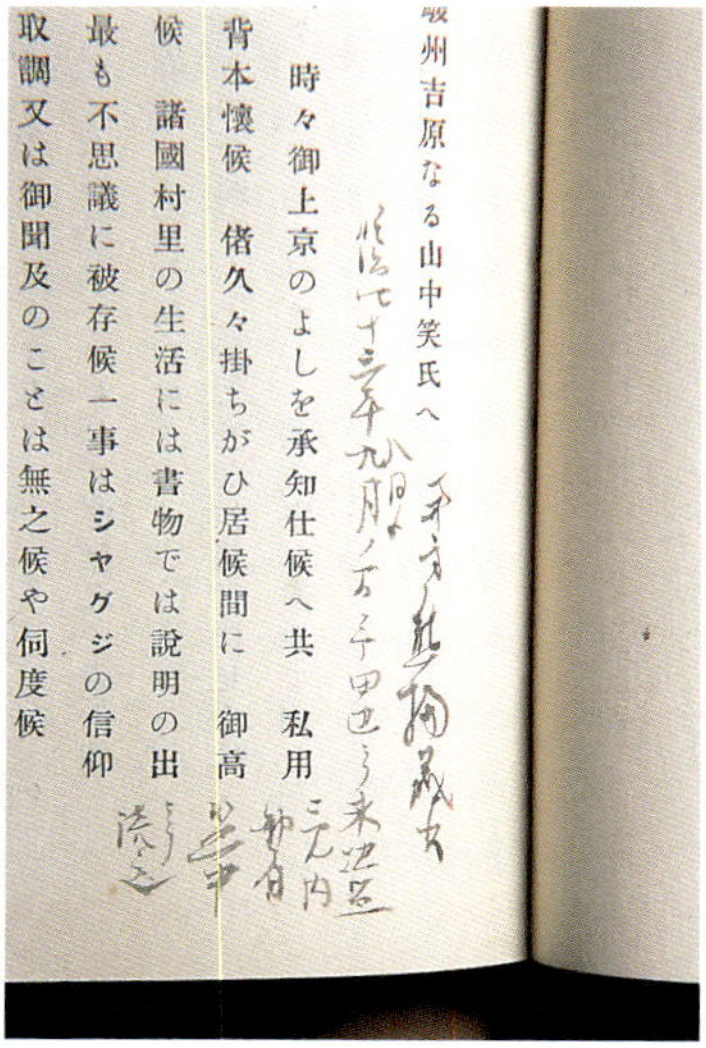

柳田国男著『石神問答』、1910（明治43）年刊。神社合祀反対運動で拘留された時に、熊楠は「監中にて」読んだと書き込みをしている

十二支考「虎」のための、腹稿
とよばれるメモ書き（部分）

沖縄の文筆家、末吉安恭が熊楠に送った琉球王府の正史『球陽』。沖縄戦で多くが失われた『球陽』の完本として貴重なものである

末吉安恭からの手紙。1918（大正7）年2月12日（消印）

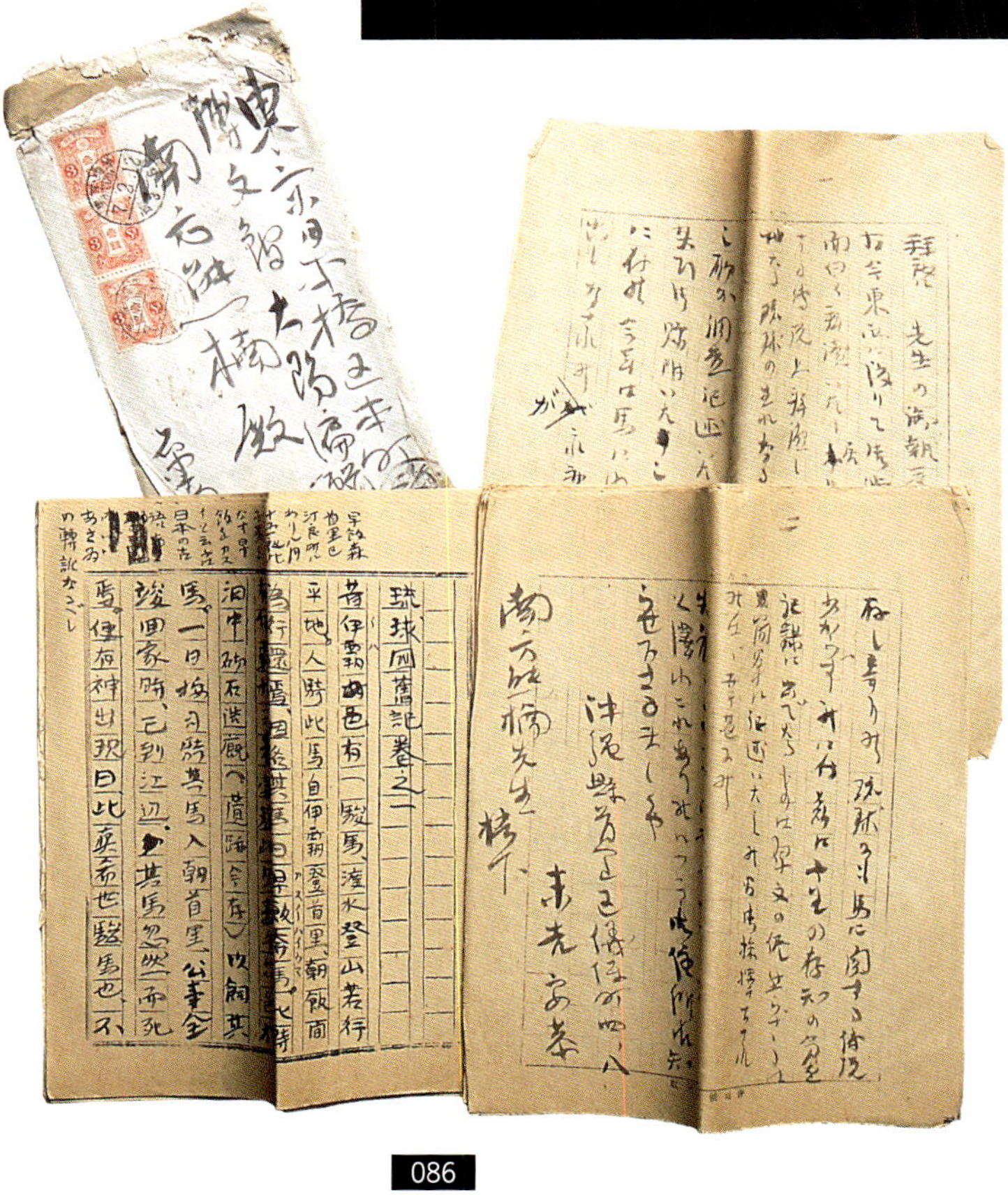

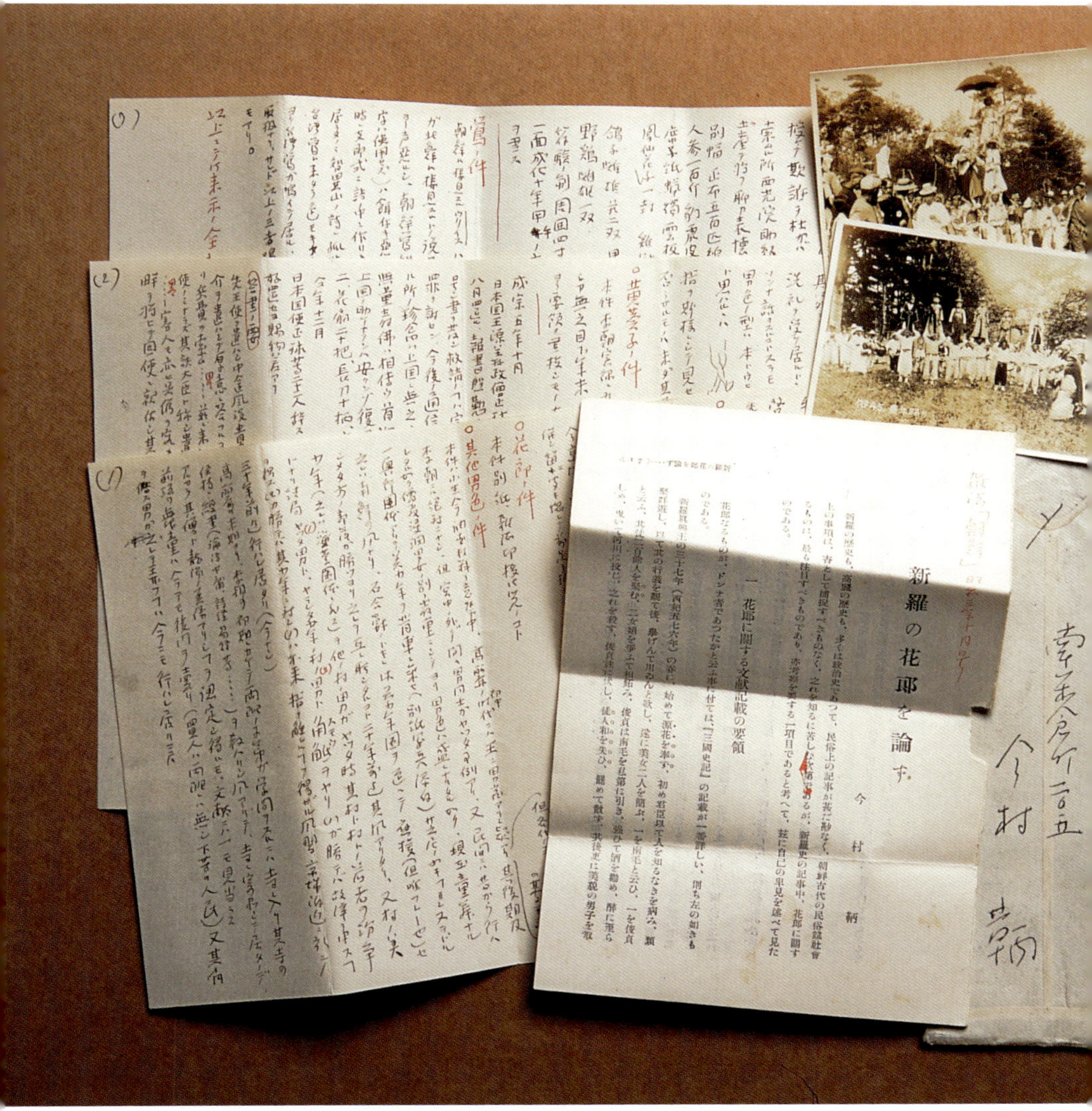

朝鮮風俗について研究を続けていた今村鞆からの手紙
と写真2点。1930（昭和5）年12月25日（消印）

南方マンダラ

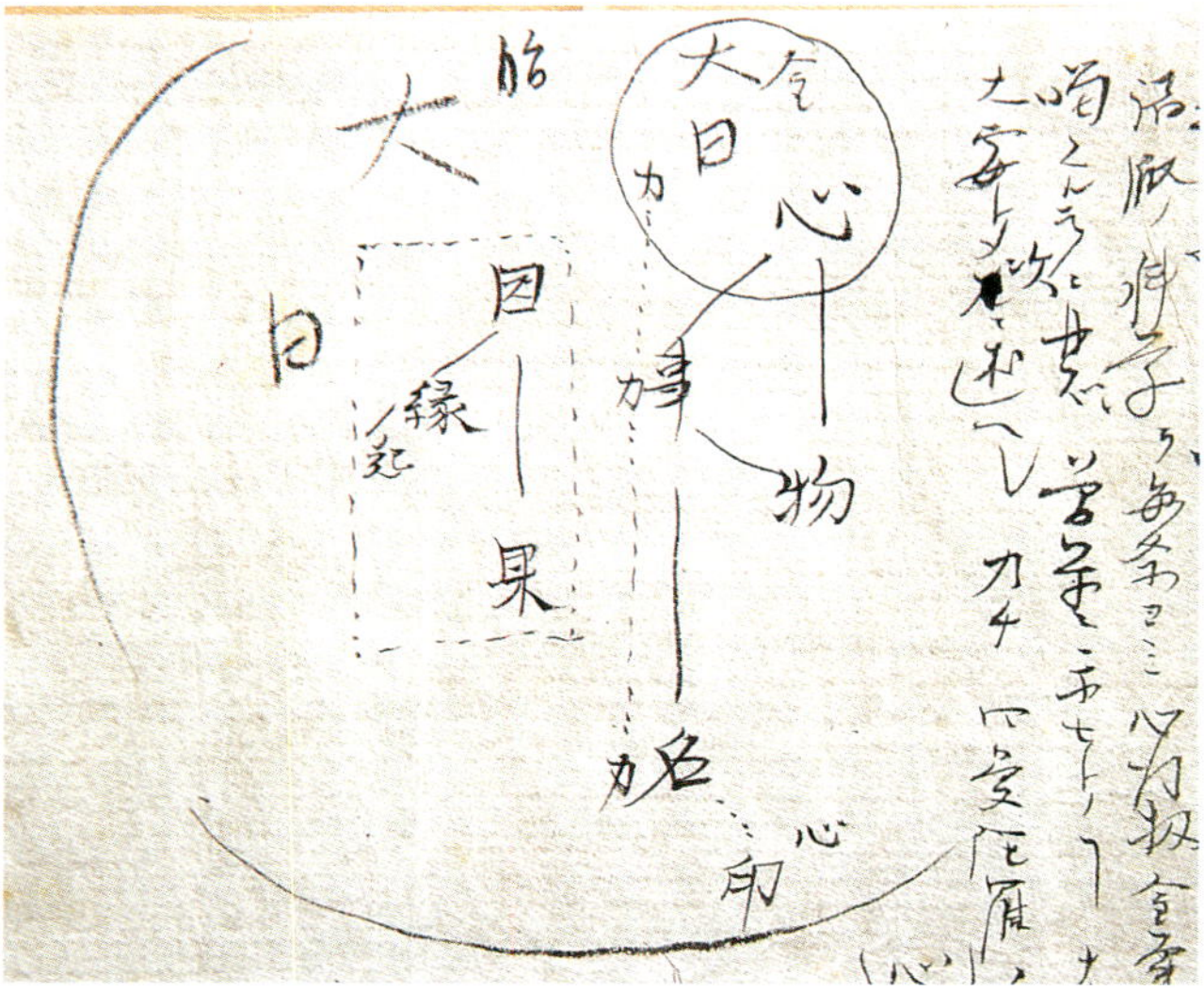

熊楠が両界曼陀羅の図法を踏襲して描いたマンダラ。
1903（明治36）年8月8日、土宜法龍宛書簡より

那智時代の一九〇三年の七月から八月にかけて、土宜法龍宛の書簡で熊楠は「小生の曼陀羅」と称する学問モデルに関する議論をおこなっている。鶴見和子によって「南方マンダラ」と名付けられたこの時のいくつかの図は、熊楠の思想を知るための鍵と考えられている。

まず、七月十八日の書簡の中では、熊楠はさまざまな線を組み合わせた図（70頁）を示しながら、この世界が無数の因果関係から成り立っていることを示そうとしている。熊楠によれば、近代科学の基礎は、一つの原因には一つの結果があるという因果律である。そして、この世界ではそうした因果関係は複雑に関連し合っているために、どのような場所にいても、すべての現象と何らかの関係を持つことになるという。

前後左右上下、いずれの方よりも事理が透徹して、この宇宙を成す。その数無尽なり。故にどこ一つとりても、それを敷衍追究するときは、いかなることをも見出だし、いかなることをもなしうるようになっておる。

この宇宙は複雑であるが、丹念に追求していけば、どのようなことでも知ることができる。この熊楠のとらえ方は、知るという行為に対する熊楠の信頼感を裏付けている。

さらに、八月八日の手紙では、熊楠は別のモデル（上図）を示して説明を続ける。中沢新一はこちらの説明を「南方曼陀羅の核心」であるとしているが、熊楠自身がこの図の方を「小生の曼陀羅」であると考えていたことは、この前後の書簡の文脈からも明らかである。

この図では、熊楠は伝統的な両界曼陀羅の図法を踏襲して、左に「胎（胎蔵界）」、右に「金（金剛界）」の二つの領域をもうけている。この部分の熊楠の説明は、十分に言葉を尽くしたものではないが、「西洋の科学哲

学等にて何とも解釈のしようなき宗旨《クリード》、言語《ランゲージ》、習慣《ハビット》、遺伝《ヘレジチー》、伝説《トラジション》等」が生成する過程を、真言密教の観点から分析する方法を提示しようとしたものである。

これに続く部分で、熊楠はふたたび因果関係の問題を取り上げる。そして、この世界には、単純な因果関係だけでなく、因果関係同士が作用し合うことで、さらに複雑な現象が生ずることを説いている。熊楠は、この「因果と因果の錯雑して生ずるもの」のことを「縁」と呼び、次のように結論づけている。

> 故に、今日の科学、因果は分かるが（もしくは分かるべき見込みあるが）、縁が分からぬ。この縁を研究するがわれわれの任なり。

この世界においては、因果律が複雑に錯綜しているために、しばしば因果の波及効果によって予測できないような結果が生ずることがある。この熊楠の認識は、二十世紀の科学における複雑系の考え方にきわめて近いものであろう。

「南方マンダラ」の議論において、熊楠は個々の現象つまり因果関係が独立したものとしてあるのではなく、その関係性が世界を作り上げていることに注目した。それは、熊楠が個々の事物を実体として見るのではなく、空＝関係性としてとらえる仏教の哲学を用いて、近代科学を組み替えようとした試みだったと考えることができるだろう。

南方マンダラ2種が描かれた土宜法龍宛書簡。
1903（明治36）年7月18日（手前）と8月8日（奥）

タブー論から神社合祀反対へ

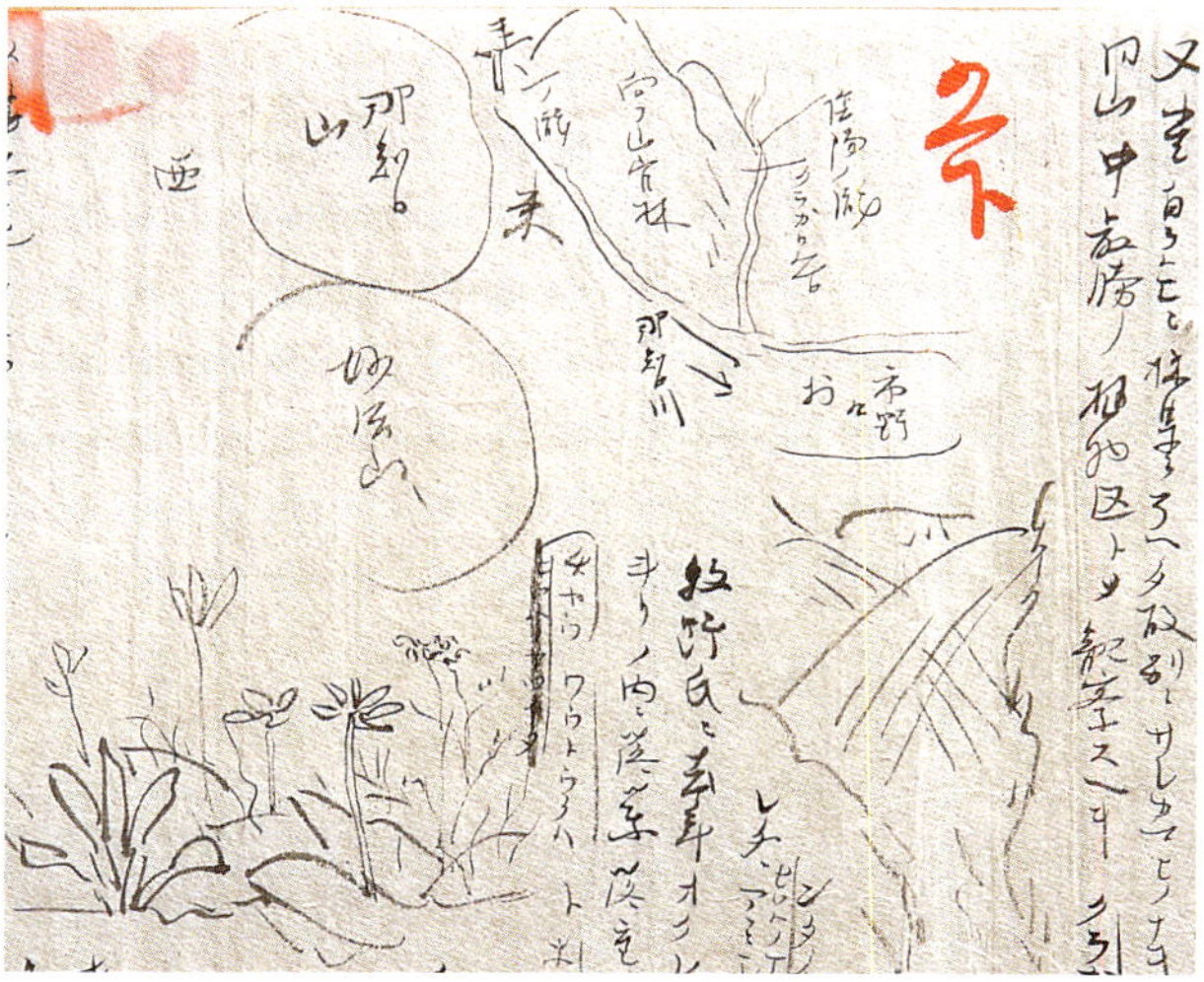

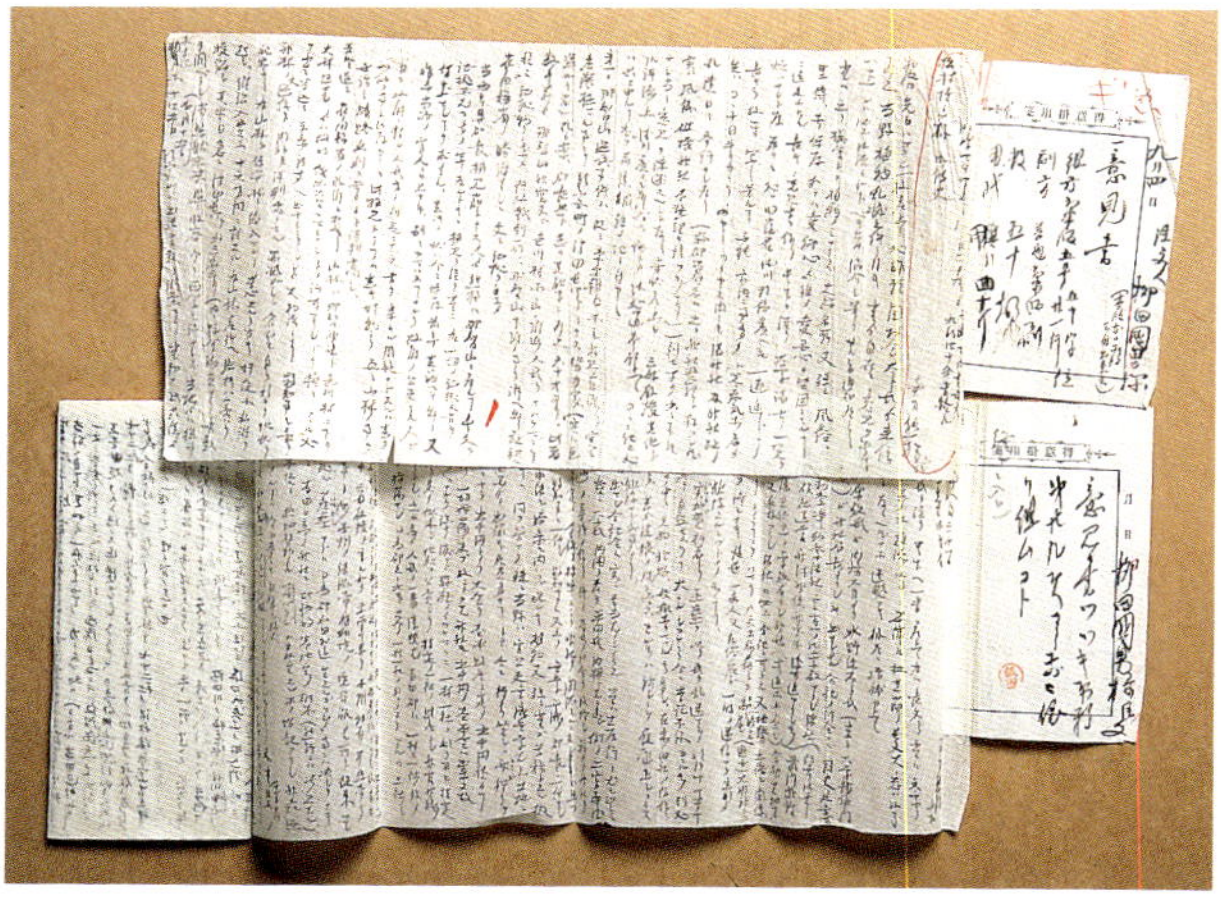

上：植物学者松村任三宛の書簡に熊楠が描いた、那智の風景の図。1911（明治44）年8月29日
下：『南方二書』の元となった、熊楠による松村任三宛書簡。上は1911（明治44）年8月29日午後4時書始め。下は1911（明治44）年8月31日

一九〇六年、明治政府は神社合祀令を公布した。これは、一つの行政区に一つの神社を置き、国家の中の宗教と政治の機能を一体化させることを目的としたものであった。実際の施行は各都道府県に任されたが、和歌山県は特に熱心にこの法令を遵守し、その結果として県下の小さな神社や祠は急速に統廃合されていくことになった。

熊楠はこの神社合祀令に反対した。その理由の一つは、神社によって保たれていた人間と自然との関係を重視したことにある。この点で注目されるのが、ロンドン時代の熊楠が書いた英文論文「日本におけるタブー体系」である。一八九八年の英国科学振興協会で代読発表されたこの論文において、熊楠は「日本古来の宗教である神道は、巨大なタブー体系のようなものといっても過言ではない」と定義している。宗教的な禁忌が幾重

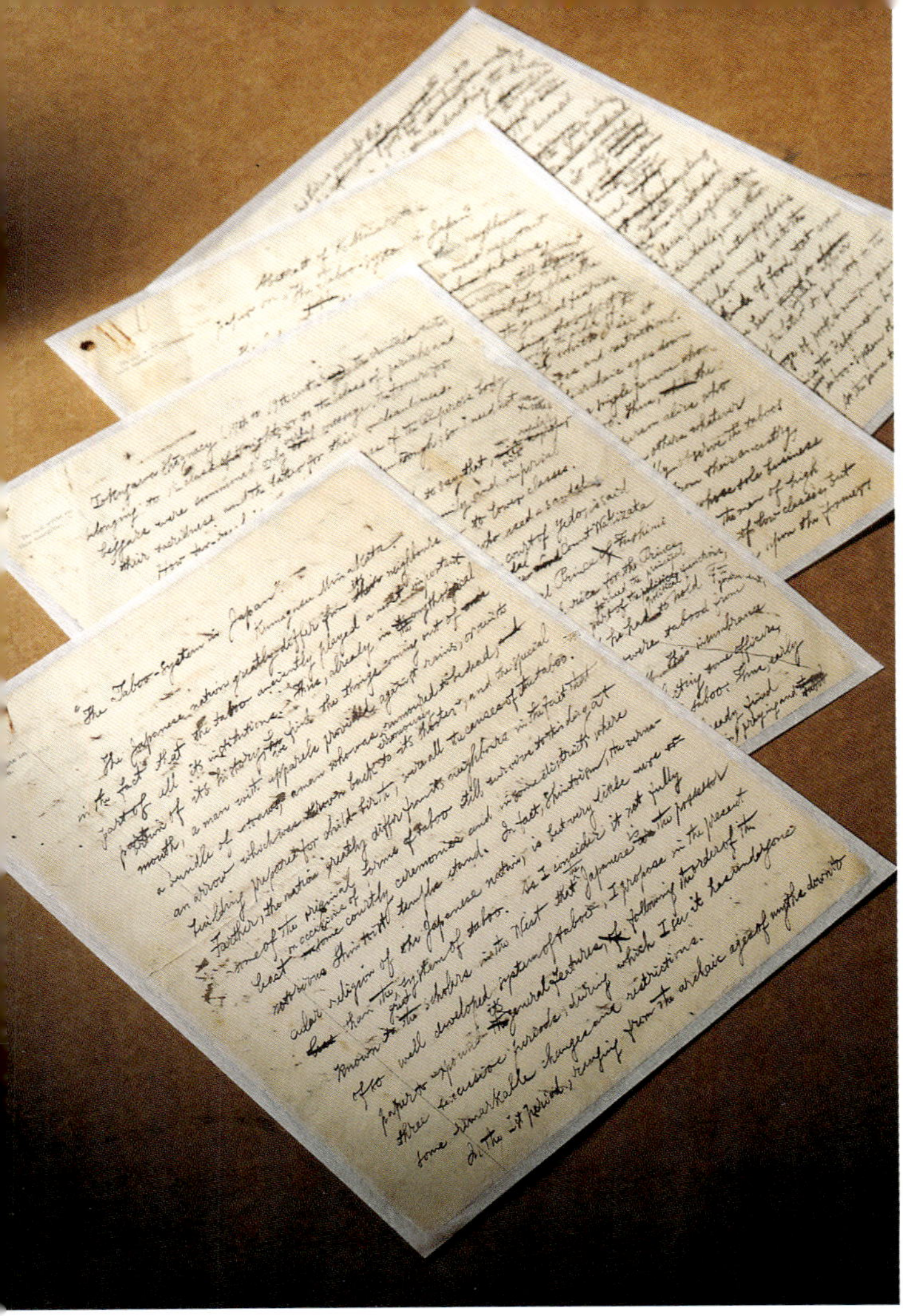

熊楠によるAbstract of the Taboo-System in Japan（日本におけるタブー体系）原稿。1898（明治31）年

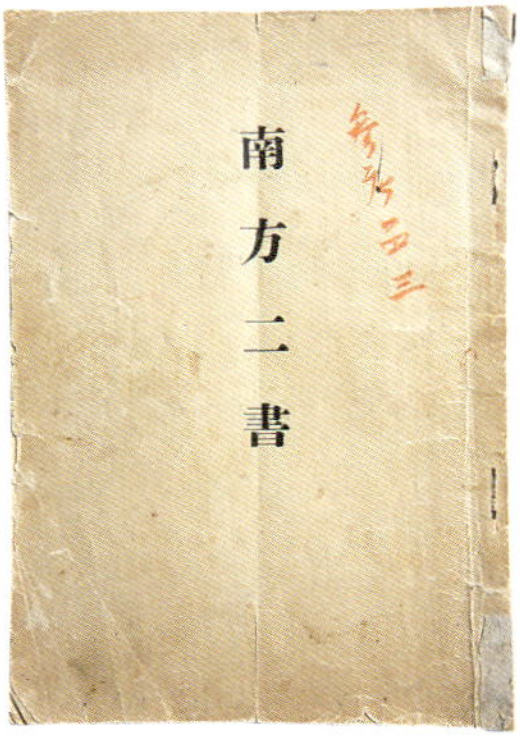

柳田国男が刊行した『南方二書』。1911（明治44）年

にも重なって、人々の行動を律しているのが神道の実態であると、熊楠は言う。

この神道とはタブーの体系であるとする考え方は、神社合祀反対運動の際の理論的な背景となった。小さな神社や祠こそが、そのまわりに人間がタブーによって立ち入ることのできない神の領域を作り出し、結果的に人の手が入らない神林を作り上げ、自然と人間の関係を調和させていると熊楠は言う。熊楠は、人間社会の側から自然との関わりの調停者となっている神社とそのタブーの力に着目したのである。

反対運動の根拠として熊楠が示したもう一つの考え方の柱はエコロジーであった。もちろん、生物間相互の関係によって構築される生態系という概念は、当時の欧米において新しい学術用語として取り入れられつつあったものであり、熊楠の造語では

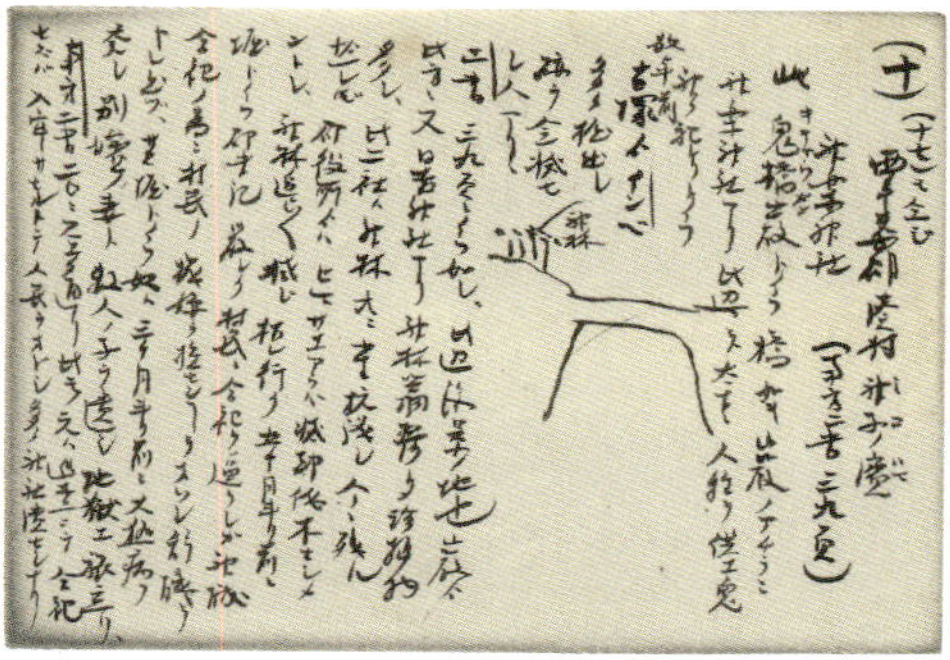

ない。

　その一方で、熊楠が「南方マンダラ」の議論の中で説明しているような、すべての現象が関連しあっているという考え方は、そのまま生態系という概念につながる面を持っている。因果と因果の相互作用によって生ずる「縁」を考えることは、生物の個体のみの分析からでは見えてこない生態系の複雑さに注目することの重要性を、熊楠に指し示していたはずである。

　神社合祀反対運動において、熊楠はそうしたみずからの世界観を総動員しながら、社会的な実践活動をおこなった。自分が生涯をかけて作り上げてきた思想におけるこの運動の重要性を深く自覚していたからこそ、大きな犠牲を目の前にしても、熊楠はそこから一歩も引くわけにはいかなかったのだと考えられるのである。

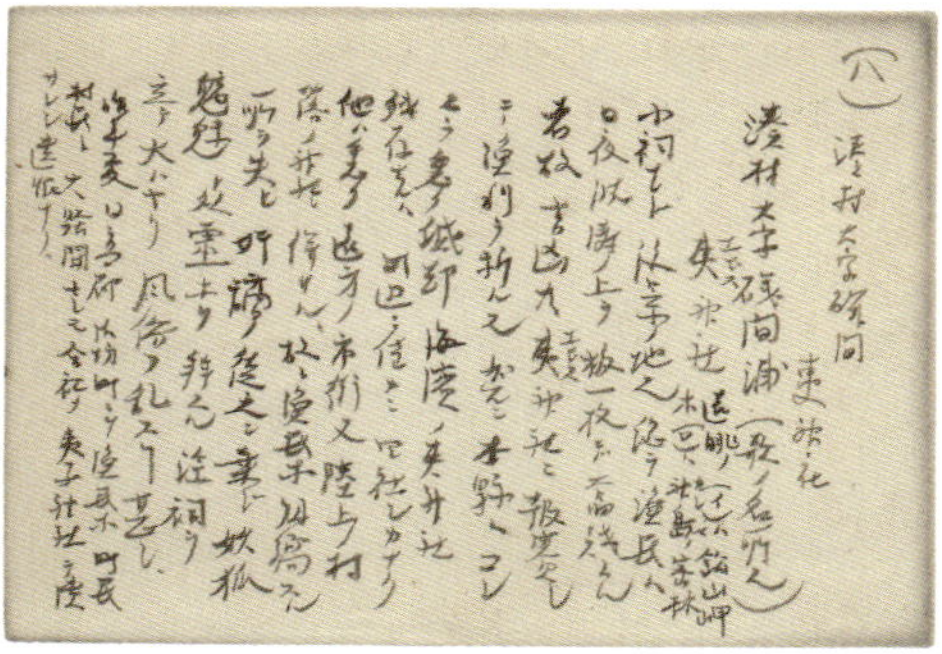

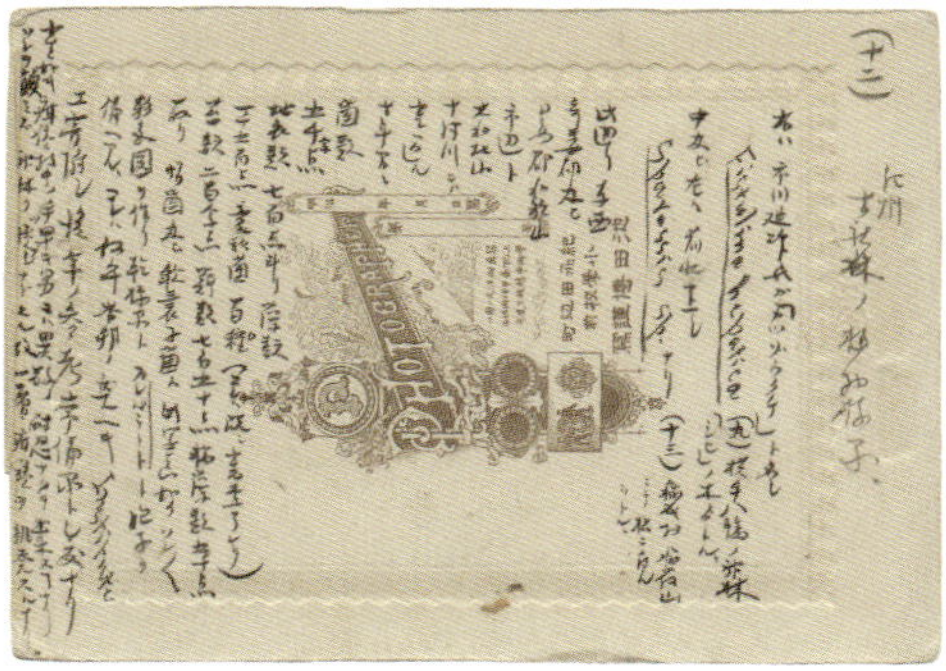

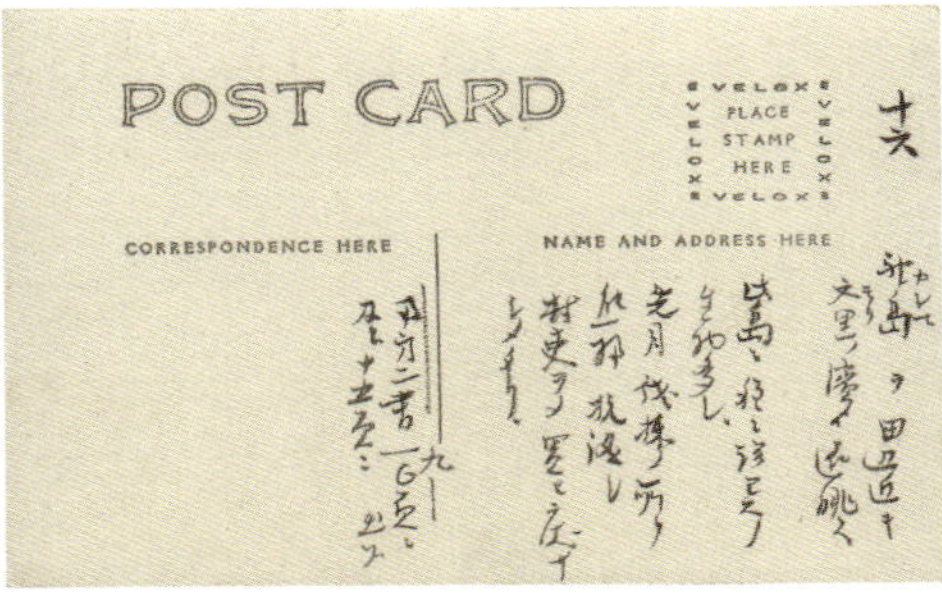

神社合祀反対運動に関連する資料写真の数々。神社合祀政策が環境破壊を招き、樹木がなくなることで、あらゆる生態系が壊れていくことの恐ろしさを、熊楠は訴えた

熊楠の林中裸像。1910（明治43）年1月28日撮影

「粘菌を生やしているんだから落葉を片付けるな」

——母の苦労

聞き手・谷川健一

谷川　先生の奥さんの御苦労はたいへんなものだったでしょうね。

文枝　夜中でも父がいつ起きてもいいように火鉢に火を入れていましたね。ストーブなんてございませんでしたから、タドンをくべて用意していました。お茶はいつでも沸いているようにしました。食事も父が台所に来るといつでもサッと出せるように用意して、それはたいへん気をつかっておりました。

　父はぶっつづけに仕事をするときは、ニラのみそ汁をつくっておけと言って、ときどきそれを吸いに台所にやってくることがありました。「わしは明日からみそ汁だけでいいぜ」と言い出したら高い本を買うのです。「お菜はみそ汁だけでほかには何もいらない」と言ったら、ああ、また本を買うなと（笑）、それが合図なのです。そのころこちらから外国へ注文して本をよく買っていました。晩年は、植物研究所の資金を集めに上京したとき知りあった東京の平沼大三郎さんというお金持が何でも買って下さったのです。同じ粘菌の研究をやってらっしゃる方でした。

谷川　そのほかの御苦労でお母さまが何かおっしゃってませんでしたか。

文枝　お掃除しても叱られるし、することなすことみんな違ってましたから最初はたいへんだったようです。書斎に所狭しと顕微鏡も書籍も書きかけの原稿も参考書もならべられ、あいているのは自分の坐る場所だけなのです。それをお掃除しようと思って片付けようものなら、「自分でちゃんと記憶している順番が狂ってわからなくなるから決して人のものに触れるな」。また庭掃除しましたら、今捨てたばかりの落葉をバケツに一杯持ってきてパーッと花咲じいさんみたいに撒きちらすんですよ。「粘菌を生やしているんだから落葉を片付けるな」と。女中が替ったときは一番困りましたね。誰でも最初はきちんと掃除してしまうんですよ。そしたら怒りましてね、「誰がこんなことをしろと言った」と。いつも母が罪をかぶってましたけど。

　母は世事のことは何も父に相談をしなかったですね。自分ひとりでやり、世間のことは何も耳に入れないのです。でも父が、借金をしたりというようなことは全然嫌いですから、暮せる範囲でいきましたから、そんな点はやりやすいこともあったと思います。

上：南方家の蔵の1階書庫（1990年撮影）。熊楠が暮らした当時のとおり、書物がぎっしり並んでいた。熊楠の蔵書は現在、南方熊楠顕彰館に所蔵保管されている
左：現在公開されている、南方熊楠旧邸の離れの書斎

＊『父 南方熊楠を語る』（南方熊楠　南方文枝著　谷川健一ほか編、一九八一年、日本エディタースクール出版部）より抄録

途方もなく大きい熊楠

町田康　作家

いまから十五年くらい前、映画で南方熊楠の役をやった。どんな映画だったかと言うと、南方熊楠の生涯を描いた、「熊楠」という映画である。

七月から九月までの三カ月間、熊野を中心に南方熊楠ゆかりの様々の場所をめぐって撮影をし、ロンドンやジャマイカでもロケーション撮影をする予定だった。監督の山本政志は大英博物館の館長役にピーター・オトゥールを希望していて、「おめぇとピーター・オトゥールが向かい合って立ってるのを見たらオレは笑っちゃって演出できねぇよ」と言っていた。

というと、「おっかしいな。そんな内容の映画だったら絶対にチェックしてるはずなのに知らんなあ。はっはーん。マチダのガキがまた嘘ついてけつかんねんな。いっぺん、漬物石で頭どつかんとあかんな」という人が出てくるかも知れないが、私が嘘を言っている訳ではなく、ではなぜ右のような人が出てくるかと言うと、撮影が中断して映画が完成しなかったからである。

なぜ完成しなかったか。資金難ということもあった。しかし、どんな大作でも三カ月もあればたいてい完成するのであり、三カ月、準備期間を入れれば半年以上かけて完成できなかったのは、別に理由があったとしか考えられず、ではその理由はと言うと、いまから考えればやはり、南方熊楠という人の大きさ、であったと思う。

生涯をただ追うだけでも充分におもしろい映画になる人である。

和漢三才図会を筆写し、毘沙門天の申し子と言われた少年時代。フロリダ、キューバを放浪、孫文と交わり、論文を発表して認められ、また殴打事件を起こす外遊時代。帰朝の後も、神社合祀反対運動、ミナカテルラ菌の発見、昭和天皇への御進講の他、私生活でもエピソード多く、優れたプロデューサーであれば、間違いなくよい映画に仕

那智の原生林にて。清流は岩を縫い、那智の滝へと続く

上げることができるだろうと思うし、事実、我々の映画も基本的にはそうしたエピソードを積み上げて南方熊楠という人を描こうとしていた。

　ところが、そうした通常の映画のやり方、「熊楠が二十四カ国語を話したということを説明するためにこういうシーンを撮ろう」とか、もっというと、「こういう場合は、まず離れたところから撮って、それから近くに寄って撮って、今度は反対側から撮ろう」みたいな常識的なやり方をすると、南方熊楠という人がまったく撮れていない、というか、いろんなカットを撮り、そのカットを積み重ねてシーンとなり、そのシーンを連ねて一本の映画となす、みたいな考えが予めあることがまったく南方熊楠でない感じがしてきて、「もっとカットの曼荼羅みたいなことにしないといけないのでは」とか、「無数のカットが粘菌みたいにぬるぬる動き出してやがて全体的な映画となって、またぐずぐずに崩壊する、みたいな時間の流れを作らんとあかんのんとちゃうか」みたいになり、スタッフもキャストも那智の山中、渓流に膝まで漬かりつつ、途方に暮れるのであった。

山中というものは日が暮れの早いもので、そんなことをしているうちに、「テッシュー」ってことになり、なにも撮影しないままみんなで山を下り、飲み屋に入り込んで楽しく飲酒し、南方熊楠について熱く語って、当然これでは映画は完成しない。

那智山中の三の滝

ということはつまり、南方熊楠を映画というスケールのなかに押込めようとして押込めなかった訳で、南方熊楠が途方もなく大きく、映画というメディアが能くこれを描けなかったということである。

しかし果たしてそうだろうか、と思うのは、これも役を通じて南方熊楠について考えたからだけれども、我々が緻密だと思っていたり、完全だ、と思っている物差しは、実は思いっきり粗雑で、それが身の回りのとるに足らぬことであろうと、人類共通の大問題であろうと、そんな粗雑なものさしで計って、計れたと思っている事自体が危ないことで、ひとり映画のみが現実に劣っているとは思えないからである。

そんなことであの映画に関わったものにとって南方熊楠は生涯の課題であるが、とりあえずは日本語を解するもの、さらには人類全体にとって南方熊楠は課題なのではないだろうかと思う。

未来の人、熊楠

中上紀　作家

熊野を訪れれば訪れるほど、私はその濃密な空気と発色の鮮やかな風景に魅せられていく。紀伊半島は大昔より自然の宝庫であり、連なる山々に迫り来る海、そこに息づく動植物で溢れていた。現在は植林された山が多いが、原生林も大分残っている。樹齢数百年千年という木に出会うと、苔むしたその幹に耳を当て悠久の音を聞いてみたくなる。

いつだったか、父の出身地である新宮市から車で三重県との県境の橋を渡り、三十分ぐらい走って、御浜町というところにある阿田和《あたわ》の大楠と呼ばれる巨木を見に行った。幹の周りは十五メートル以上はあろうか。注連縄が張られ、すぐ横には小さな祠もあり、見るからにご神木といった風情である。この木の推定樹齢は千五百年にも及ぶという。力強い枝がまるで空を攫もうとする腕のように数十メートル四方に伸びている。紀伊半島では随一、全国でも稀に見る大木である。神が、あるいは自然の大いなる力が宿り、畏れ敬うだけでなく、人が膚で感じ親しみを持つことのできる存在があるのだとすれば、それはきっとこんな巨木なのかもしれないと思う。

三重県御浜町、引作（ひきつくり）神社に立つ〝引作の大楠〟

実は、この阿田和の大楠（引作の大楠とも言う）を現在見ることができるのは、南方熊楠のおかげである。

明治四十四年、古来より土地の人々の心の拠り所となってきた阿田和の大楠が、付近に林立する数本の大樹と共に伐採の危機に瀕していた。当時、政府による各集落にある小さな神社を合祀させ一町村一神社を標準とさせる政策、いわゆる神社合祀が進行していた。近代国家を形成統一するため、神道を国家管理の基準とするという政策である。これによって、全国に二十万社近くあった神社のうち約八万社が減らされ、特に、紀伊半島の三重と和歌山は威圧的に施行されて三重など県下のおよそ九割の神社が廃せられたらしい。紀伊半島には森林が多いが、集落に祀られる各神社にも鎮守の森があり、神社合祀が行われると、その森も伐採される。伐採された大木は高く売れる。そこで地元役人と利権業者とが結託して、伐採を推進した。阿田和の大楠も例外ではなく、その対象となっていたのだ。

草木の一本にも命があり、魂が宿る。私の家のすぐ隣の敷地にも楠があったが、毎朝かわいらしい鳥を連れてきてくれ、暑い日には日差しをさえぎってくれたし、風に揺れる葉の音で心を和ませてくれていた。しかしそこは市営住宅の敷地で、ある時市の業者が来て鋸で全ての枝を落とし、一メートルぐらいを残して切り倒した。その瞬間に居合わせた私は、思わず目を覆った。切っている業者も、仕事だからと言っていたが、何だか辛そうだった。しかし木は生きていた。しばらくすると木はまた葉を茂らせ始めた。まるで、私の祈りが届いたかのように。

木と人は、きっと知らず知らずのうちに見えない対話をしているのだろう。木が切られるのを辛いと思うのは、そうした魂の交流があるからではないのか。それが大自然への畏怖や感謝、信仰とか、宗教、ひいては文明にも繋がっていく。言うなれば人間としての営みの原点だ。神社合祀の時代は、誰もが近代国家という文字の前で、基本的なそのことから目を背けていたにちがいない。だが、南方熊楠は身体を張って異を唱えた。

神社の廃止は、昔ながらの土俗と伝承の消滅にも繋がる。鎮守の森の伐採は、自然風景と共に貴重なまだ発見のなされていない生物を絶滅させる恐れがある。民俗学者、また植物学者として、熊楠はこのことを指摘したのだが、彼がもっとも心配したのは、その上さらに襲ってくるであろう周辺住民の危機だった。森を無くすことで、害虫を食べてくれる鳥類や魚が寄り付く海辺の木陰が消滅すれば、農民や漁民はたちまち困窮する。しかも、村人たちの精神的中心である神社がなくなれば、人々の心や連帯感、道徳心までもが崩壊していく。現に今、そういう時代が来ているのではないのか。熊楠にはそういう未来がはっきりと見えていたにちがいない。

熊楠は、ふんどし一枚で大楠の前に立ちはだかり、伐採を止めようとした。さらに、合祀反対の声を記した原稿を新聞社などに送り続けた。運動中に投獄されたが決して諦めなかった。その間読書に励み、獄中で珍しい粘菌を見つけたりし、釈放の日も「ここは静かだし涼しいからもう少し置いてくれ」などと言って平然としていたという。

そして、一地方の運動だけではどうにもならないと、民俗学界の権威、柳田國男など中央の学者たちに働きかけた。柳田は国会へ『南方二書』という合祀批判文書を持ち込み、熊楠の思いは全国的に知られることとなった。熊楠の

空へ伸びる引作の大楠の幹

何者にも屈しない情熱のおかげで、大正七年には神社合祀は廃止された。

　人と自然とは常に連携している。熊楠は、粘菌の研究者として有名であるが、ただ地べたを這いつくばって菌類ばかりを見つめていたわけではない。目に見えない菌でさえ、われわれ人類が暮らす地球、さらには宇宙という大きな世界の重要な役割を担っているという考えが、彼の脳裏には常にあったのだろう。今になって粘菌が健康のために注目され出しているが、この時代、そこに目を向けた人が他にいただろうか。

　熊楠は超博識の人だったが、それだけではない。彼は未来からタイムスリップしてきた人ではないのかと私には思えるのだ。

　熊楠は若くしてアメリカやイギリスに渡った。猫も杓子も海外へ行く現代と違って、鉄道すら田舎では珍しかった十九世紀から二十世紀初頭にかけて、世界へ視線を向けていた。そして世界から、誰よりも深く大きな瞳で、熊野を見つめたのである。

　古来、人々は〝蘇り〟を求めて熊野へ旅をした。常世の国を目指して船出をする補陀落信仰というものもあった。南方熊楠は、その熊野という空間が生んだ巨木だった。土壌の奥から大陸の果て、空の星々までを貪欲に追求しただけでなく、人間に対してはかり知れない愛情を抱いていた人なのである。

　阿田和の大楠の幹に触れ、そっと耳をつけてみる。微かに伝わる水の音が、まるで熊楠の心音であるかのように思えてくる。この木を満たす熊野の水は、清らかな流れに乗り、海へ出て、黒潮に導かれるまま世界を駆け巡る。そして再び熊野に戻り、山々の濃い緑や海の青さや滝の白さとなっていくのだろう。未来人熊楠ここにあり。

見えない森に踏み込む
――〝キノコの王〟クマグス

飯沢耕太郎
写真評論家／キノコ切手収集家

なぜキノコに取り憑かれてしまうのか。もちろんそれぞれ理由はあるのだろうが、それを問いつめていくとなんだか茫漠とした薄闇に紛れてしまうように感じるのは僕だけではないだろう。

僕の場合も、そもそもいつ頃からキノコが気に掛かりだしたのかと考えても釈然としない。気がつくと世界中のキノコの図柄の切手を三千枚以上も集めてしまったり、雨が降るたびに近くの公園に出かけては、植え込みの陰や切り株に発生するキノコたちを探索して「おお、ここにいた」と大声をあげたりといった、奇異としかいいようがない行動をとるようになっていた。どうやら目に見えない菌類の胞子が、いつのまにか脳内のどこかに入り込んだとしか思えないのだ。

まさにわれらキノコ・フリークの「王」というべき存在である南方熊楠についても、なぜキノコだったのかと考えるとどうもよくわからない。よく知られているように、彼は一八八三（明治一六）年、共立学校に在学中、イギリスの植物学者、バークレーが六千点もの菌類による世界最初の『菌蕈類標本集』を刊行したことを知り「いまにバークレーたちを超える七千種の菌類を集め、日本国の名を天下にあげてみせる」という大志を抱いたと伝えられている。このようなやや子供っぽい世界一への野心は、明治人の典型というべきでそれほど珍しいものではない。だがなぜ「菌類」だったのだろうか。同じ植物学でも、もっと派手な、陽の当たる分野は他にたくさんありそうだ。

おそらくそのあたりに、南方という「知の巨人」の生涯を貫く思考と行動のクライテリアが隠されているような気がしてならない。彼ほどの記憶力と語学の才能があれば、学問の世界で華やかな活動を展開することは充分に可能だったはずだ。哲学でも文学でもあるいは自然科学の領域でも、表舞台に立ち、世間の耳目を集めることができただろう。ところが彼がのめり込んでいったのは、菌類や地衣類のようなどちらかといえばあまり目立たない隠花植物の生態であり、民俗学、人類学、神話学といった人々の生の「見えない」原理を探り出そうとする知の領域だった。

南方が少年の頃に直感的に見抜いていたのは、精密かつ論理的に組み上げられた正統的な学の体系とは別に、いわば「キノコ的思考」とでもいうべき奇妙な王国が広がっており、そこに無

菌類図譜より、スギタケ属のきのこ

限の可能性が胚胎しているということではなかっただろうか。ここでその「キノコ的思考」を厳密に規定していくような余裕も能力も僕にはないが、少なくともキノコたちを相手にして何事かを構築しようとすれば、従来の学問の方法論がまったく成り立たなくなってしまうのは間違いないだろう。南方は生涯に一万五千種の菌類を採集し、稿本にまとめたといわれており、これは少年の頃に立てたバークレーの六千種を超えるという目標の二倍以上である。だが全世界の菌類は一〇〇〜一五〇万種と推定されており、彼のエネルギーをもってしてもほんのとっかかりを作ったに過ぎないのだ。

那智山中、
二の滝付近で見つけたきのこ

このようなわけのわからない対象物を相手に、ドン・キホーテのような戦いを挑みつつも、南方はそのことを心から愉しみ、内から湧き上がる至福の感情に身をまかせていたのではないだろうか。彼が残した、詳細な英文解説付きの自筆菌類図譜を見るとそのことがよくわかる。そこに描かれているキノコたちの、なんと不可思議な生命力に満ちあふれていることか。それらは植物と動物の中間的存在であり、今にもひょこひょこ歩き出し、うなり声をあげ、大口を開けて哄笑しそうに見える。「キノコ的思考」はそういった野放図な生命力を、枠付けしたり矯めたりすることなく、ポジティブに肯定していこうとする営みの総称といえる。南方が生涯にわたってその優れた実践者であったことはいうまでもない。

「キノコ的思考」で捉えられた世界は、われわれが普通認知している「目に見える」世界とはかなり様相を異にしている。在野のキノコ研究家である大舘一夫氏は『都会のキノコ』（八坂書房、二〇〇四年）で「もうひとつの森」という卓抜な表現を用いている。光あふれる地上の森を一八〇度回転させると、そこには「菌類の菌糸の森」が広がっているというのだ。地上の森に光が降り注ぐように、この地下の森には「多様な腐生菌の生み出す地中の無機物質が降り注ぐ」。南方熊楠はこのような「もうひとつの森」を幻視する、無類の眼力を備えていたのだろう。キノコたちを道標にその「見えない森」に踏み込むことこそ、彼の生涯の大望だったのではないだろうか。

クマグスのこと二題

和多利志津子
ワタリウム美術館館長

南方熊楠の庭

暑い夏の日でした。

和歌山県田辺市、南方熊楠顕彰館に併設された旧邸の庭に降り立ちました。

熊楠が、居を構え、草木を植えた庭に、花が咲くのを待ちわびたのです。

熊楠は、一九一六年より一九四一年まで、この中屋敷町に暮していました。建物は、母屋の他、土蔵もありました。蔵書や標本などが長女、文枝さんによって大切に保管されていた場所です。熊楠が書き物をしていた書斎と云われる離れもありました。

熊楠の名の一文字にもなっている楠の木が、庭全体を覆うばかりに繁っていました。

熊楠は、一九一七年にこの庭の柿の木のくぼみに、新種の粘菌を発見します。変形菌の世界的権威、イギリスのリスター氏（Gulielma Lister 1860−1949）が「ミナカテルラ・ロンギフィラ」と命名し発表しました。

熊楠はまた、毎日、安藤蜜柑の汁を飲んでいたと聞きました。

松葉蘭／石友来り、石まんにて松葉蘭一鉢結実あるもの一円にて買いくれたるなり［1918/6/1］
小真弓／コマユミ花さきあり［1931/5/18］
岩菲（ガンピ）／朝ガンピ三花咲き初む［1941/6/24］など
一九一六年から一九四一年までの熊楠の日記より。

この庭は、熊楠にとり、実験園であったのです。

熊楠が手をかけていた当時の庭の様子

熊楠旧邸の現在の庭

熊野古道中辺路

熊野古道には、王子という地名がたくさん登場します。私は、改めて王子巡りに出掛けました。

最初に訪れたのは**滝尻王子**。ここから熊野の神域に入ります。王子とは、熊野の神様の御子神が祀られているところで、険しい旅をする参拝者の休憩所でもあったといいます。私は、大きな古木が連なる隙間をとぼとぼと歩いたのです。

中辺路を東に進みます。**近露王子**は、最も早く設けられた王子。

一町村に一社を遺して、あとは合祀するという、明治政府が一九〇六年に出した神社合祀という政令が、この辺りの神の森を遺さず伐採してしまったといいます。熊楠はこの政令に憤り、あらゆる方法で反対運動を実施しました。

継桜王子にある巨木は、その枝がみな那智山の方向に伸びているということから、「野中の一方杉」と呼ばれました。それは熊野の神々の霊気を感じさせる不思議な杉の木でした。近くには、水が湧き、底まで透き通って見え、口にすると、ほのかに甘い清らかな水でした。

さらに村の人に案内をお願いし、**高原熊野神社**を訪ねました。神社の周りにあるシダは、伸びやかに育ち、古(いにしえ)の熊野の面影をとどめる大楠を見上げていると、空は夕焼けからだんだんと日が落ちてきました。

私たちが、今考えることは、自然の一部として、神々の大きな力を、次の代につないでいくことではないでしょうか。

南方熊楠は、一九四一年十二月三十一日より、田辺市の高山寺の墓地に眠っています。

木陰で憩う熊楠。
1920（大正9）年、高野山植物調査にて

クマグスの熊野へ行こう

**山野に分け入って植物や昆虫を採集し、
神社合祀反対運動に奔走した熊楠。
彼が愛し、歩き、暮らした熊野の地へご案内しよう。**

文・中瀬喜陽

1 那智山《なちさん》

熊楠が初めて南紀の名瀑那智の滝を目にしたのは、一九〇一(明治三十四)年十一月一日。その前年に英国から帰国、一年間を故郷和歌山で過ごすが、「父母ともに草葉の陰に埋まり、親戚にも知らぬ人のみ多くなり、万事面白からぬゆえ」(柳田国男宛書簡)他郷を目指し、那智山へ向った。その後、明治三十七年十月までの三年間、熊楠は那智に暮らし、山を歩きまわり、隠花植物や粘菌の採集や研究に没頭した。

原生林の広がる那智山のなかでも、熊楠はもっぱら那智四十八滝の一つ陰陽《いんよう》の滝付近を好んで歩き、そこで夜に光を放つキノコを採ったこともあったという。また、文覚上人の荒行中に矜羯羅《こんがら》童子やせいたか童子が現われたという平家物語の話の真偽を確かめるために、寒中、那智の滝に打たれて実験してみたという話もある(宇野脩平「南方さんのこと」)。

常宿は熊野那智大社への参詣道にある大阪屋旅館。熊楠は平屋の離れの十六畳間を借りていた。まだ電灯もなく、夜はランプに灯を入れてもらっての生活だった。旅館は大正末に廃業したが、現在もその跡地を見学することができる。

青岸渡寺の三重塔越しに、
那智の滝を眺める

アクセス

那智の滝……熊野那智大社内にある。那智四十八滝のうちの一の滝。JR紀勢線紀伊勝浦駅から熊野交通バスで約25分、滝前あるいは神社お寺前駐車場下車。

大阪屋旅館跡……同バスで紀伊勝浦駅から約20分、大門坂下車。

那智山中、四十八滝の一つ、陰陽の滝

2

川湯温泉《かわゆおんせん》

那智から本宮にいたる険路、小雲取越えの百間ぐら

大塔《おおとう》山系に源を発する大塔川は、川の中から温泉が湧き出る秘湯として名高く、江戸時代から温泉宿が開けた。河原をスコップで掘って、自分だけの小さな露天風呂を楽しむ人たちで賑わっている。

この川湯温泉に熊楠が初めて訪れたのは、一九〇四（明治三十七）年十月七日、那智山での生物調査を終えて陸路で田辺方面に向かう際のこと。大雲取《おおくもとり》、小雲取《こくもとり》の難所を越え、川湯に到着。熊楠がまず見たかったのは、温泉の湧き口に付くという青のりのような藻であったが、先の大水で全部流されてしまったと聞く。藻の観察は次の機会にまわすことにして、熊楠は川の湯壺に身を沈め、ゆっくりと身体を休めた。

藻の採集を果たしたのは四年後の再訪時。この時は川湯を拠点に、周辺の村を訪ね、奈良の霊峰玉置《たまき》山へも登った。熊楠のとった玉置山への登山コースは、川湯から熊野川を宮井まで下って、そこから北山川を遡り、瀞八丁《どろはっちょう》を経て、玉置口から歩くというルート。瀞八丁は天下の景勝の地で、日頃は日記に景色の描写などしない熊楠も、ここでは「仙郷の画幅、空にかかるが如し」と書き付けた。一幅の名画が忽然と空に現われ出でたようだ、と感嘆したのだった。

アクセス

川湯温泉……和歌山県田辺市本宮町川湯。JR紀勢線新宮駅から熊野交通バスなどで約1時間、川湯温泉下車。またはJR紀勢線紀伊田辺駅から龍神バスなどで約1時間45分、川湯温泉下車。
瀞八丁……志古《しこ》乗船場から所要約2時間の瀞峡観光ウォータージェット船がある。志古までは、JR紀勢線新宮駅から熊野交通バスなどで約30分。

大塔川から湯気を立ち上らせる
川湯温泉

3

継桜王子社・野中の一方杉

つぎざくらおうじしゃ・のなかのいっぽうすぎ

熊楠が、熊野古道中辺路《なかへち》の継桜王子社と〝野中の一方杉〟と呼ばれるその巨杉群を初めて目にしたのは一九〇四（明治三十七）年。那智山から中辺路経由で田辺まで五日かけて歩いた時のことだ。まだ神社合祀の動きのない頃で、荒廃したとはいえ、まだ古態をとどめている王子社の建物と、威容を誇る杉の古木群を見ることができた。その四年後の〇八年十一月にも、玉置山登山の行き帰りに立寄っている。

神社合祀と神社林の伐採を憂えた熊楠は、野中の一方杉の保存にも奔走した。植物学者の松村任三《じんぞう》に宛てた二通の書簡が柳田国男によって『南方二書』として関係者に配布され、継桜王子社の由緒や巨杉に囲まれたたたずまいが世間に広く知られることとなった。保存を願う声は県知事の耳にも届くが、村会議員の強硬意見に村長が屈服。杉の木わずか九本の保存という結果に熊楠は落胆し、これまで応援してくれた人々に申し訳ないと頭を丸めた。友人土宜法《どぎほう》龍《りゅう》にあやかって法の一字をとり、自らはミミズに擬して法《ほう》蚓《いん》と称し、五歳の息子熊弥もカニになぞらえて法蝌《ほうかい》とし、当分いっさいの世事を断って謹慎の意を表したのであった。

とはいえ、熊楠の尽力により部分的に保存された継桜王子社の森は、今や熊野詣での見所の一つとして広く知られている。

今日に残る、継桜王子社を囲む巨木〝野中の一方杉〟

アクセス

継桜王子社・野中の一方杉……
和歌山県田辺市中辺路町野中。JR紀勢線紀伊田辺駅から本宮大社方面行き龍神バスで約1時間10分、野中一方杉下車、徒歩約30分。

熊野古道中辺路にある、熊野九十九王子の一つ、継桜王子社

クマグスの熊野へ行こう

4

神島《かしま》

田辺湾に浮かぶ神島全景

田辺湾に浮かぶ緑豊かな島、神島。後年の熊楠が昭和天皇にご進講を行なった島である。その神は建御雷命《たけみかづちのみこと》で、田辺市秋津にある竜神山《りゅうぜんざん》の神と同体と言われる。神島から竜が立ち昇って竜神山に降りた、というわけだ。その名のとおり神の島であり、森林は神のものであるという信仰は古く、人の手の入らぬ島として、長く伝えられてきたのであった。

熊楠が初めてこの神島を目にしたのは一八八六（明治十九）年。渡米を前に親友と白浜へ遊ぶ途中、舟の上から見た。上陸したのは一九〇二（明治三十五）年、那智勝浦へ行く途上。この時キクラゲを少々採集した。植物調査の目的で渡ったのは、七年後の一九〇九年八月。粘菌三種を採集している。

その〇九年七月には神島の神が大潟《おおがた》神社へ合祀され、さっそく森の伐採が計画された。漁民の反対で立ち消えになるが、一一年八月には神島の〝下草刈り〟と称する伐採が始まってしまう。熊楠は、神島の植生は紀州沿岸に数多い島の中でも唯一手付かずの自然の森であり、植物生態学を実地に観察するのにこれほど適した島はない、と主張。またワンジュやキシュウスゲなどの貴重な植物も多いことを指摘し、森の保存に尽力した。

一九二九（昭和四）年六月一日、昭和天皇を迎えてからは「行幸の島」として注目され、一九三五年十二月に当時の文部省から天然記念物の指定を受け、現在にいたっている。

アクセス

神島……田辺市新庄町。紀伊田辺駅から約3km南の鳥ノ巣半島沖に浮かぶ国指定天然記念物の島で、上陸には田辺市教育委員会の許可が必要。

手付かずの自然が残る
神島の森

クマグスの熊野へ行こう

5

南方熊楠旧邸《みなかたくまぐすきゅうてい》

2006年、旧邸隣に開館した南方熊楠顕彰館。約2万5000点の資料を収め、熊楠の業績や交流関係について学べる

一九〇四（明治三十七）年から田辺に暮らしていた熊楠は、一九一六（大正五）年、借家の目の前の家を買う。元々は田辺藩士の屋敷で千坪の土地が後に三分割されたもので、熊楠は四百坪余りのこの家のたたずまいを大いに気に入った。「ずいぶん広い風景絶佳な家に住し、昨今四顧橙橘の花をもって庭園を満たし、香気鼻を撲《う》ち」と自慢し、亡くなるまで二十五年間、この中屋《なかや》敷《しき》町の家に暮らした。

建物は、母屋のほか土蔵（後の書庫）がある。さらに以前の借家に自身で設計して建てた「博物標品室」を解体し移築。これが現在書斎と呼ばれる離れだ。ほかに邸内には貸家もあった。

当時から大きかった庭の楠や柿の木は今でもある。なかでも熊楠は自分の名の一字である楠に愛情を注いだ。柿の木では入居早々にミナカテルラ・ロンギフィラという珍種の粘菌を発見。その気になれば自分の足許で世界的発見ができる、という主張を実証してみせた。また熊楠は、安藤《あんどう》蜜《み》柑《かん》といわれる絹皮の蜜柑にとくに目をかけて研究。現在の庭に残る安藤蜜柑は当時の孫木だ。

熊楠にとって大切な実験園であったこの旧邸は、没後は蔵書、文献、書簡、標本などとともに長女文枝によって保全されてきた。二〇〇六年に熊楠存命当時の姿に復元され、現在は隣に建造された顕彰館とあわせて公開されている。

部屋の片隅にソロバン。熊楠は日々の出費をこまめに記録していた

アクセス

南方熊楠旧邸……田辺市中屋敷町36。JR紀勢線紀伊田辺駅から徒歩約15分。見学可。

南方熊楠顕彰館……旧邸に隣接。電話0739-26-9909　月曜、第2第4火曜、祝日の翌日など休館。http://www.minakata.org

木造二階建ての母屋の玄
関に向かうアプローチ

田辺市近郊の水上に残る原生林

まだまだある、クマグスゆかりの熊野

水上 みずかみ

熊野古道中辺路の栗栖川《くりすがわ》から鍛冶《かじ》屋《や》川に沿って北上した集落で、現在も原生林が残る。熊楠は1908（明治41）年、隠花植物の採集のために訪れ、奇人ぶりを伝えるエピソードを残した。

●和歌山県田辺市中辺路町水上。JR紀勢線紀伊田辺駅からJRバスで約40分、栗栖川下車、タクシーで約10分。

兵生 ひょうぜい

和歌山・奈良県境の安堵山《あんどさん》を源とする富田川の最上流にあった集落で、現在住民はいない。熊楠は2度滞在。植物採集に加え、村に伝わる妖怪譚なども収集した。

●和歌山県田辺市中辺路町兵生。田辺市街から国道311号を本宮方面へ走り、栗栖川を過ぎて福定から左折、富田川沿いに北上約10㎞。

高山寺・猿神社跡 こうざんじ・さるがみしゃあと

高山寺は聖徳太子の開基と伝えられる南紀有数の古刹。熊楠は寺内の一角、猿神社の森を守るために奔走。彼の神社合祀反対・自然保護運動の先駆けとなった。熊楠はこの高山寺に眠る。

●和歌山県田辺市稲成町糸田。JR紀勢線紀伊田辺駅からタクシーで約5分。

稲荷神社 いなりじんじゃ

鎮守の森は伐採の危機もあったが、熊楠の尽力で被害は最小限に抑えられ、現在市の指定文化財。2月初午の粥占いや4月3日の雛流しなど季節の神事には参拝者で賑わう。

●田辺市稲成町伊作田。紀伊田辺駅からタクシーで約10分。

報恩寺 ほうおんじ

田辺市街の東、下三栖《しもみす》にある古刹で裏山には三栖王子がある。熊楠はこの寺でクサソテツというシダを確認。救馬渓観音《すくまだにかんのん》や八上《やがみ》神社（八上王子跡）を訪ねる際にもよく訪れた。

●田辺市下三栖。紀伊田辺駅からタクシーで約10分。

高野山 こうやさん

熊楠が高野山に登ったのは、少年時代の父母との初旅行も含め、計4回。大正9、10年には2年連続で宿坊に籠り、随行者たちの採集するキノコの記録に没頭した。

●和歌山県伊都郡高野町高野山。南海電鉄高野線極楽橋駅からケーブルで高野山駅。その後山内バスまたはタクシー。

引作神社の大楠 ひきつくりじんじゃのおおくす

樹齢千年を越すという〝引作の大楠〟は、今や新日本名木百選に選ばれ、熊野路の名物。神社合祀で伐採されそうになったのを一歩手前で救ったのが、熊楠や柳田国男らだった。

●三重県南牟婁郡御浜町引作。JR紀勢線阿田和駅からタクシーで約10分。

和歌山城下橋丁 わかやまじょうかはしちょう

熊楠の生誕地。当時は水路を利用する物資の運搬で栄えた商業の中心地。生家の金物商は後に酒造場となったが今は跡形もなく、一角に熊楠の胸像が立つのみ。

●和歌山市橋丁。南海電鉄南海本線和歌山市駅から徒歩すぐ。

藤白神社 ふじしろじんじゃ

熊野古道南海道にある藤白王子社（明治期に藤白神社と改称）。境内に樹齢数百年の楠が立つ。古来子どもの命を守る宮として崇めら

れ、信者に楠、藤、熊の三文字を用意して名付けをした。熊楠の名もこの社から二文字をもらった。

●和歌山県海南市藤白。JR紀勢線海南駅から徒歩約10分。

南方熊楠記念館《みなかたくまぐすきねんかん》

白浜の海を見下ろす高台に立つ。昭和40年の開館以来、熊楠の遺品、文献、粘菌等の標本類を所蔵保存し、展示する。孫文から贈られた帽子や使い込まれた硯、筆など、興味深く貴重な品々に出会える。屋上からの絶景も必見。

●和歌山県西牟婁郡白浜町3601—1　電話0739—42—2872　木曜休館　JR紀勢線白浜駅からタクシーで約20分。
http://www.minakatakumagusu-kinenkan.jp

森に囲まれて立つ南方熊楠記念館

主な参考文献

『南方熊楠全集』一〇巻・別巻二巻、平凡社、一九七一～七五年
『南方熊楠日記』全四巻、八坂書房、一九八七～八九年
『柳田国男・南方熊楠往復書簡集』平凡社、一九七六年
『南方熊楠　土宜法竜往復書簡』八坂書房、一九九〇年
『南方熊楠男色談義――岩田準一往復書簡』八坂書房、一九九一年
『南方熊楠英文論考「ネイチャー」誌篇』集英社、二〇〇五年
飯倉照平『南方熊楠　森羅万象を見つめた少年』岩波ジュニア新書、一九九六年
飯倉照平『南方熊楠　梟のごとく黙坐しおる』ミネルヴァ書房、二〇〇六年
雲藤等「南方熊楠の手紙」（『國文學』五〇巻八号、二〇〇五年）
神坂次郎『南方熊楠の宇宙――末吉安恭との交流』四季社、二〇〇五年
後藤伸「南方熊楠の昆虫記」（『熊楠研究』第一号、一九九九年）
小峯和明「熊楠と沖縄――安恭書簡と『球陽』写本をめぐる」（『國文學』五〇巻八号、二〇〇五年）
近藤俊文『天才の誕生　あるいは南方熊楠の人間学』岩波書店、一九九六年
千田智子『森と建築の空間史　南方熊楠と近代日本』東信堂、二〇〇二年
武内善信「若き熊楠再考」（『南方熊楠　珍事評論』平凡社、一九九五年）
武上真理子「孫文と南方熊楠――文明の衝突と越境、そして対話――」（『熊楠研究』第八号、二〇〇六年）
田村義也「南方熊楠の『エコロジー』」（『熊楠研究』第五号、二〇〇三年）

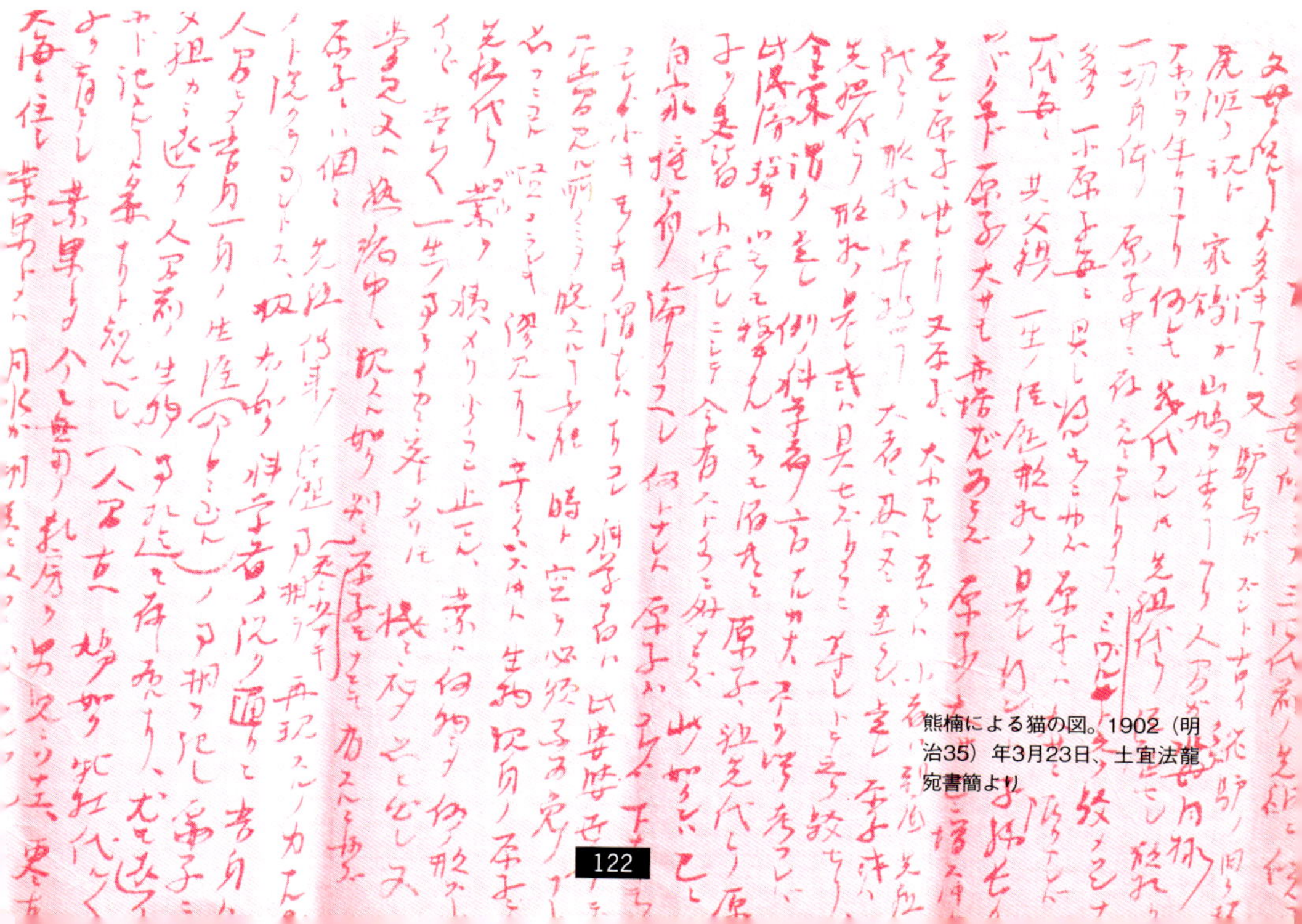

熊楠による猫の図。1902（明治35）年3月23日、土宜法龍宛書簡より

趙恩馥「南方熊楠と朝鮮」（『熊楠研究』第六号、二〇〇四年）
月川和雄「南方熊楠とギリシアの少年愛」（『昭和薬科大学紀要』二五、一九九一年）
鶴見和子『南方熊楠　地球志向の比較学』講談社学術文庫、一九八一年（初版一九七八年）
鶴見和子『南方熊楠　萃点の思想』藤原書店、二〇〇一年
鶴見和子・頼富本宏『曼荼羅の思想』藤原書店、二〇〇五年
土永知子「植物標本から見えてくるもの」（『國文學』五〇巻八号、二〇〇五年）
土永知子「アメリカ時代の植物採集」（『国立科学博物館ニュース』四五〇号、二〇〇六年）
土永浩史「熊楠のコケ研究――概要と新種クマノチョウジゴケ発見の経緯」（『国立科学博物館ニュース』四五〇号、二〇〇六年）
中沢新一『森のバロック』講談社学術文庫、二〇〇六年（初版一九九二年）
橋爪博幸『南方熊楠と「事の学」』鳥影社、二〇〇五年
原田健一『南方熊楠　進化論・政治・性』平凡社、二〇〇三年
牧田健史「南方熊楠考・ロンドン長期滞留の謎」（『熊楠研究』第六号、二〇〇四年）
松居竜五『南方熊楠　一切智の夢』朝日選書、一九九一年
松居竜五他編『南方熊楠を知る事典』講談社現代新書、一九九三年
松居竜五・小山騰・牧田健史『達人たちの大英博物館』講談社、一九九六年
松居竜五「サンフランシスコにおける南方熊楠」（『熊楠研究』第六号、二〇〇四年）
松居竜五・岩崎仁編『南方熊楠の森』方丈堂出版、二〇〇五年
松居竜五「近代科学と伝統的自然観――那智生態調査・神社合祀反対運動期の南方熊楠の思想的展開」（嵩満也編『共生する世界』法藏館、二〇〇七年）
南方熊楠・南方文枝『父 南方熊楠を語る』日本エディタースクール出版部、一九八一年
吉川壽洋「家庭」（『國文學』五〇巻八号、二〇〇五年）
横山茂雄・中西須美・松居竜五「ランシング・アナーバー時代の南方熊楠」（『熊楠研究』第五号、二〇〇三年）
南方熊楠顕彰会編『世界を駆けた博物学者　南方熊楠』南方熊楠顕彰会、二〇〇六年
日本孫文研究会編『孫文と南方熊楠』汲古書院、二〇〇七年

なお、本書の執筆に際しては、科学研究費補助金基盤研究A一六二〇二〇〇二「南方熊楠草稿資料の翻刻および関連資料の総合的研究」（代表・松居竜五）の成果を利用した。

南方熊楠略年譜

1867年（慶応3）　0歳
4月15日、和歌山城下橋丁《はしちょう》に、父南方弥兵衛《やへえ》、母すみの次男として出生、熊楠の名は海南・藤白神社の楠神に詣でて授かった。

1873年（明治6）　6歳
3月、湊紺屋町に開設された雄《お》小学校に入学。

1875年（明治8）　8歳
『和漢三才図会《わかんさんさいずえ》』（105巻）を借り筆写に励む。同時にこの前後『本草綱目《ほんぞうこうもく》』、『諸国名所図会《しょこくめいしょずえ》』、『大和本草』なども筆写する。

1876年（明治9）　9歳
速成中学科の鍾秀学校が創設され、入学する。

1879年（明治12）　12歳
新設された和歌山中学校に入学したが、授業より読書に熱中し、『前太平記』（4巻）、『経済録』などを次々と筆写していった。

1880年（明治13）　13歳
自作の教科書「動物学」を作成する。

1882年（明治15）　15歳
春、父母、弟らと高野山に登り、大和の立里荒神社《たてりこうじんじゃ》まで足をのばした。

1883年（明治16）　16歳
3月、和歌山中学校を卒業し、上京して神田の共立学校に入学する。

1884年（明治17）　17歳
9月、大学予備門に入学する。同級生に夏目漱石、正岡子規、山田美妙、秋山真之らがいた。12月、読書ノート「課余随筆《かよずいひつ》」の筆写をはじめる。

1885年（明治18）　18歳
4月、鎌倉・江ノ島に遊び魚介類の標本を得た。「江島記行」がある。7月、日光に遊び動植物の標本を得た。「日光山記行」がある。この年、授業にほとんど出なかったため、12月に落第が決まった。

1886年（明治19）　19歳
2月、「疾を脳漿に感ずるをもって」予備門を退学、帰郷。10月、米国遊学を許され上京。12月、横浜からシティ・オブ・ペキン号に乗船した。

1887年（明治20）　20歳
1月、サンフランシスコに上陸、同地のパシフィック・ビジネス・カレッジに入学。8月、ランシングの州立農学校に移った。

1888年（明治21）　21歳
11月、農学校を退学、アナーバーに移り、以後同地に滞在、動植物の観察と読書に励む。

1889年（明治22）　22歳
留学生仲間と回覧新聞「大日本」や「珍事評論」を発行し交友交歓する。10月、この頃読んだスイスの博物学者ゲスナーの伝記に感銘を受ける。12月、和歌山では父と弟常楠《つねぐす》が共同して清酒の醸造を始める。

1908年（明治41）　41歳
6月、栗栖川村水上（現、田辺市）の原生林を調査。9月、『東京人類学会雑誌』へ「涅歯について」を発表、以後同誌へしばしば寄稿する。11月、大和・十津川村方面植物調査行。

1909年（明治42）　42歳
1月、田辺町内で発行の『海南時報《かいなんじほう》』に「鶏の話」を掲載、地元紙への寄稿のはじめとなる。9月、神社の合祀と神林伐採の進行に反対する意見を『牟婁新報《むろしんぽう》』に発表。

1910年（明治43）　43歳
8月、神社統合を推進する県吏に面会を求め講習会場に乱入、家宅侵入の容疑で拘引される。9月、『牟婁新報』掲載の「人魚の話」が風俗壊乱に問われる。11月、植物調査のため兵生村（現、田辺市兵生）に入り製材工場の山小屋に約40日間過ごす。

1911年（明治44）　44歳
3月、柳田国男より来信、以後文通を重ねる。9月、松村任三《まつむらじんぞう》宛熊楠書簡2通が、柳田の手で『南方二書《みなかたにしょ》』として刊行、識者に配布された。10月、長女文枝誕生。

1912年（明治45、大正元）　45歳
1月、雑誌『太陽』に「猫一疋の力に憑つて大富となりし人の話」を発表、以後しばしば同誌に寄稿する。

1914年（大正3）　47歳
1月、『太陽』へ「虎に関する民俗と伝説」を発表、以後大正12年まで毎年の干支に関する論考を寄稿。いわゆる「十二支考《じゅうにしこう》」である。

1916年（大正5）　49歳
4月、常楠の出資で田辺町中屋敷36番地に宅地建物を購入、終生この家に住む。

1918年（大正7）　51歳
3月、神社合祀令が廃止される。

1920年（大正9）　53歳
8月下旬、小畔《こあぜ》四郎《しろう》、川島友吉（草堂《そうどう》）らを伴い高野山の植物調査に登り一乗院に滞在、管長土宜法龍ともロンドン時代の旧交を温めた。

1921年（大正10）　54歳
1月、G・リスターより先年（大正6年8月）熊楠自宅の柿の木より発見の粘菌を新種として新たに一属を設け、ミナカテルラ・ロンギフィラと命名したと知らせを受ける。3月、隣家の建替えで研究圃の日照が遮られることから争いとなる。4月、熊楠の研究を後援するため南方植物研究所が開設されることになる。6月、研究所開設の募金開始。11月、高野山の植物調査に楠本秀男（龍仙《りゅうせん》）を伴って再度登山、一乗院に約

1891年（明治24） 24歳 4月、アナーバーを出発、フロリダに向かい、ジャクソンヴィル、キューバなど各地に地衣類《ちいるい》や粘菌《ねんきん》を調査、この時採集した地衣類の一種は新種と認定された。

1892年（明治25） 25歳 8月、父弥右衛門死去（63歳）。9月、ニューヨークからロンドンに渡り、父の訃を知った。

1893年（明治26） 26歳 9月、大英博物館古物学部長A・W・フランクス、副部長C・H・リードに面会、以後東洋関係の文物の整理を助け、利用の便を得た。10月、週刊科学誌『ネイチャー』に「東洋の星座」を発表、以後数多くの論考を投じた。滞英中の土宜法龍《どぎほうりゅう》と会い親交を結ぶ。

1895年（明治28） 28歳 4月、これまでの読書ノートのほか、新たに「ロンドン抜書」と呼ばれる欧文文献の筆写を始めた。ノートは帰国までに52冊となった。

1896年（明治29） 29歳 2月、母すみ死去（58歳）。

1897年（明治30） 30歳 3月、大英博物館東洋図書部長R・ダグラスの紹介で孫文《そんぶん》と会い、以後親交を結ぶ。11月、大英博物館図書館で殴打事件を起こし、2週間利用を停止される。

1899年（明治32） 32歳 前年末、大英博物館内で女性の高声を制したことから紛争が起こり、館内の利用が制限されたため、自然史博物館及びヴィクトリア・アンド・アルバート博物館に通い読書する。6月、『ノーツ・アンド・クエリーズ』にも寄稿を始めた。

1900年（明治33） 33歳 生活の窮迫から9月1日、帰国の途につく。10月15日、神戸に上陸、常楠に迎えられ和歌山市に帰る。

1901年（明治34） 34歳 2月、孫文が和歌山に来訪、歓談する。10月、弟の開いた酒造会社の勝浦支店を頼って熊野入りし、以後3年ほど那智山周辺の隠花植物を調査する。

1904年（明治37） 37歳 7月、『東洋学芸雑誌』へ「ホトトギスについて」ほか2編を寄稿、以後しばしば同誌へ寄稿する。国内の雑誌に寄稿する最初である。9月、熊野那智方面の調査を打ち切る。10月、喜多幅武三郎を頼って田辺へ。

1906年（明治39） 39歳 7月、田辺闘雞社《とうけいしゃ》宮司四女田村松枝（27歳）と結婚。

1907年（明治40） 40歳 2月、闘雞社所蔵の漢籍を借り筆写を始める。以後晩年までの筆写ノート「田辺抜書」は61冊を成した。6月、長男熊弥《くまや》誕生。

1ヶ月滞在した。

1922年（大正11） 55歳 この年、思うところがあって酒を断った。

1925年（大正14） 58歳 2月、研究所資金募集のため矢吹義夫の求めに応じ長文の「履歴書」を認めた。3月、高等学校受験のため高知に向かった長男熊弥が同地で発病し、いったん和歌浦精神病院に入院したがほどなく退院、自宅療養に移る。

1926年（大正15、昭和元） 59歳 2月、坂本書店より最初の著作集『南方閑話』を刊行。5月、続いて岡書院より『南方随筆』が刊行された。11月、門人小畔四郎らと協力して粘菌標本90点を摂政宮に進献、『続南方随筆』を岡書院より刊行。

1928年（昭和3） 61歳 5月、熊弥を京都の岩倉病院に入院させる。10月、門弟上松蓊《うえまつしげる》を伴い日高郡川又・妹尾国有林に入り、熊楠のみ残留、越年して冬季発生の菌、粘菌を調査する。

1929年（昭和4） 62歳 6月、南紀行幸《ぎょうこう》の昭和天皇に進講し、粘菌標本110点を進献する。

1930年（昭和5） 63歳 5月、長年保護につとめてきた神島《かしま》が県の天然記念物に指定される。6月、行幸一周年に当たり同島に熊楠自詠自筆の和歌を刻した行幸記念碑が除幕される。

1932年（昭和7） 65歳 11月、小畔四郎と協力、粘菌標本30種を進献。

1935年（昭和10） 68歳 12月、神島が文部省より史蹟名勝天然記念物に指定される。

1938年（昭和13） 71歳 7月、邸内の竹林で菌類を調査中に負傷し、以後健康がすぐれず、来訪者を謝絶することも多かった。12月、盟友毛利清雅《もうりせいが》死去（67歳）。

1941年（昭和16） 74歳 3月、喜多幅武三郎死去（75歳）。12月16日、郵着したばかりの『今昔物語』に署名し、文枝に形見として与える。12月に入ると萎縮腎《いしゅくじん》で臥し、やがて黄疸を併発する。29日午前6時30分永眠。同夜12時より保田龍門がデスマスクをとり、翌30日、脳解剖。同月31日、告別式後、田辺郊外高山寺に葬られる。戒名は智荘厳院鍐覚顕真居士。

出典：南方熊楠顕彰会編『世界を駆けた博物学者 南方熊楠』

頁	作品名	所蔵先
p 72	「日高郡記行」ノート、1886（明治19）年	南方熊楠顕彰館
p 73	日記、1886（明治19）年	南方熊楠顕彰館
p 74,75	日記、1941（昭和16）年	南方熊楠顕彰館
p 74,78	土宜法龍宛書簡、1893（明治26）年12月21日～24日	南方熊楠記念館
p 75	座卓	南方熊楠顕彰館
p 79	セクソロジーについての原稿	南方熊楠顕彰館
	眼鏡	南方熊楠顕彰館
p 80	「珍事評論」第1号・下絵	南方熊楠顕彰館
p 82	日記、1916（大正5）年	南方熊楠顕彰館
p 83	寺石正路からの手紙、1915（大正4）年9月29日	南方熊楠顕彰館
	寺石正路著『食人風俗志』	南方熊楠顕彰館
	The Traces of Cannibalism in Ancient Japan・草稿	南方熊楠顕彰館
p 84	柳田国男著『石神問答』	南方熊楠顕彰館
p 85	腹稿「虎」	南方熊楠顕彰館
p 86	『球陽』	南方熊楠顕彰館
	末吉安恭からの手紙、1918（大正7）年2月12日（消印）	南方熊楠顕彰館
p 87	今村鞆からの手紙、1930（昭和5）年12月25日（消印）	南方熊楠顕彰館
p 88,89	土宜法龍宛書簡、1903（明治36）年8月8日	南方熊楠顕彰館
p 90	松村任三宛書簡、1911（明治44）年8月29日、31日	南方熊楠顕彰館
p 91	『南方二書』、1911（明治44）年	南方熊楠顕彰館
	Abstract of the Taboo-System in Japan・原稿	南方熊楠顕彰館
p 122-123	土宜法龍宛書簡、1902（明治35）年3月23日	栂尾山高山寺
p 126	硯箱	南方熊楠記念館

熊楠が愛用した硯箱。硯の墨を磨る部分の深いえぐれが印象的だ

作品所蔵一覧

頁	作品名	所蔵先
p 2-3,42-43,50-53,105	菌類図譜	国立科学博物館
p 8-9	北米産菌類標本集	国立科学博物館
p 10-11	「可所斎雑記」	南方熊楠顕彰館
	「本草綱目抜記」	南方熊楠顕彰館
p 12-13	日記、1881（明治14）年	南方熊楠顕彰館
p 12	「動物学」第1稿～第3稿	南方熊楠顕彰館
p 13	「動物学」(全)	南方熊楠記念館
p 15	東海散士著『佳人之奇遇』	南方熊楠顕彰館
	エドワルド・エス・モールス口述『動物進化論』	南方熊楠顕彰館
p 16-17,60-65	アナーバーで採集した高等植物標本	南方熊楠顕彰館
p 16	Herbert Spencer,“Descriptive Sociology”	南方熊楠顕彰館
p 17	手帳、1911（明治44）年～1912（明治45）年	南方熊楠顕彰館
p 18-19	キューバなどで採集した菌類標本	南方熊楠顕彰館
p 20	キューバで購入した宝くじ	南方熊楠顕彰館
p 21	キューバなどでの採集品とトランク	南方熊楠顕彰館
p 22,76-77,78,81	「ロンドン抜書」	南方熊楠顕彰館
p 23	日記、1893（明治26）年	南方熊楠顕彰館
	名刺	南方熊楠顕彰館
	ロンドンの交通機関の切符	南方熊楠顕彰館
p 24	多屋たか宛葉書、1903（明治36）年2月10日、18日	南方熊楠顕彰館
p 25	大谷探検隊の中央アジア探険に関する新聞記事切り抜き	南方熊楠顕彰館
	土宜法龍宛書簡、1894（明治27）年7月14日	栂尾山高山寺
p 27	那智で採集した植物標本	南方熊楠顕彰館
p 31	神島現存顕著樹木所在図	南方熊楠顕彰館
p 33	キャラメル箱	南方熊楠顕彰館
p 41	長持	南方熊楠顕彰館
	貝殻が入ったキューバのマッチ箱	南方熊楠顕彰館
p 42	菌類標本	国立科学博物館
p 46	携帯顕微鏡	南方熊楠記念館
	土宜法龍宛書簡、1902（明治35）年3月25日	栂尾山高山寺
p 47	粘菌類標本	国立科学博物館
p 48	フロリダ産菌類標本集	国立科学博物館
p 49	植物採集の絵具籠	南方熊楠顕彰館
p 54-55	北米産地衣類標本集	国立科学博物館
p 56-57	淡水藻類標本	国立科学博物館
p 58	ハワイ産地衣類標本	国立科学博物館
p 59	淡水藻類標本	国立科学博物館
	プレパラート標本	国立科学博物館
	海藻類標本	国立科学博物館
p 66	日記、1903（明治36）年	南方熊楠顕彰館
p 67	ウガとオコゼの標本	南方熊楠記念館
	魚の絵	国立科学博物館
p 70-71,89	土宜法龍宛書簡、1903（明治36）年7月18日	南方熊楠顕彰館

●写真提供
橋本邦子・・・・・・・・・・p68、p96
平凡社・・・・・・・・・・・・p3
南方熊楠記念館・・・・p121
南方熊楠顕彰館・・・p5〜7、p14、p20(右上)、p28〜29、p32(2点)、p35(右上、左)、p36〜37(上)、p46(右上)、p49(左)、p92〜95、p107、p109、p118(右下)

●撮影
姉崎一馬・・・・・・・・・・p1、p26、p30、p31(下2点)、p106、p116〜117、p120
飯田安国・・・・・・・・・・p8〜13、p15〜19、p20(左上)、p21〜25、p27、p31(上)、p33〜34、p35(右下)、p37(下3点)、p38〜39、p41〜p43、p46(右上以外の3点)、p47〜48、p49(右)、p50〜66、p67(下)、p69〜73、p74(左)、p75〜91、p97、p105、p108、P118 (左上)、p119、p122〜123、p126
岩崎仁・・・・・・・・・・・・p44〜45、p67(上2点)、p101、p103、p113
中野晴生・・・・・・・・・・p40、p114〜115
藤田庄市・・・・・・・・・・p98〜100、p110〜112

●協力
土永知子
萩原博光

●ブックデザイン
中村香織

●マップ制作
尾黒ケンジ

本書は、
2007年10月7日(日)〜2008年2月3日(日)、
ワタリウム美術館において開催の展覧会
「クマグスの森 南方熊楠の見た夢」を記念し
出版された。

とんぼの本

クマグスの森《もり》 南方熊楠《みなかたくまぐす》の見《み》た宇宙《うちゅう》

発行 2007年11月20日
4刷 2017年7月20日

著者 松居竜五《まついりゅうご》
編者 ワタリウム美術館《びじゅつかん》
発行者 佐藤隆信
発行所 株式会社新潮社
住所 〒162-8711 東京都新宿区矢来町71
電話 編集部 03-3266-5611
読者係 03-3266-5111
http://www.shinchosha.co.jp
印刷所 半七写真印刷工業株式会社
製本所 加藤製本株式会社
カバー印刷所 錦明印刷株式会社

Edited by WATARI-UM, The Watari Museum of Contemporary Art
http://www.watarium.co.jp

ISBN978-4-10-602165-7 C0395